PARÁBOLA BREVE – 7

EDITOR:
Marcos Marcionilo

CONSELHO EDITORIAL:
Ana Stahl Zilles [Unisinos]
Angela Paiva Dionisio [UFPE]
Carlos Alberto Faraco [UFPR]
Egon de Oliveira Rangel [PUC-SP]
Henrique Monteagudo [Universidade de Santiago de Compostela]
José Ribamar Lopes Batista Jr. [UFPI/CTF/LPT]
Kanavillil Rajagopalan [UNICAMP]
Marcos Bagno [UnB]
Maria Marta Pereira Scherre [UFES]
Rachel Gazolla de Andrade [PUC-SP]
Roberto Mulinacci [Universidade de Bolonha]
Roxane Rojo [UNICAMP]
Salma Tannus Muchail [PUC-SP]
Sírio Possenti [UNICAMP]
Stella Maris Bortoni-Ricardo [UnB]

Gabriel de Ávila Othero

Mitos de Linguagem

parábola

Direção:	ANDRÉIA CUSTÓDIO
Capa e diagramação:	TELMA CUSTÓDIO
Revisão:	KARINA MOTA
Foto da capa:	DEPOSITPHOTOS.COM/MIPAN CARTEIRA

CIP-BRASIL. CATALOGAÇÃO NA FONTE
SINDICATO NACIONAL DOS EDITORES DE LIVROS, RJ

O96m
Othero, Gabriel de Ávila

    Mitos de linguagem / Gabriel de Ávila Othero. -- 1. ed. -- São Paulo : Parábola Editorial, 2017.
    192 p. ; 17 cm. (Parábola breve ; 7)

    Inclui bibliografia e índice
    ISBN 978-85-7934-130-4 (mitos de linguagem)

    1. Linguagem e línguas. I. Título II. Série.

17-40207   CDD: 407
                                                        CDU: 800.7

Direitos reservados à
PARÁBOLA EDITORIAL
Rua Dr. Mário Vicente, 394 - Ipiranga
04270-000 São Paulo, SP
pabx: [11] 5061-9262 | 5061-8075 | fax: [11] 2589-9263
home page: www.parabolaeditorial.com.br
e-mail: parabola@parabolaeditorial.com.br

Todos os direitos reservados. Nenhuma parte desta obra pode ser reproduzida ou transmitida por qualquer forma e/ou quaisquer meios (eletrônico ou mecânico, incluindo fotocópia e gravação) ou arquivada em qualquer sistema ou banco de dados sem permissão por escrito da Parábola Editorial Ltda.

ISBN: 978-85-7934-130-4

© do texto: Gabriel de Ávila Othero, 2017
© da edição: Parábola Editorial, São Paulo, abril de 2017

Dedico este livro a meus pais,
Jairo e Dayse,
e a todos os que um dia já se perguntaram:
"O que é linguística?".

Sumário

Introdução 9
MITO 1: As mulheres falam demais 13
MITO 2: A gramática do português não tem lógica 27
MITO 3: Ninguém fala o português correto, certo? 47
MITO 4: A língua portuguesa é uma das mais difíceis do mundo 63
MITO 5: A ortografia do português é cheia de exceções 79
MITO 6: Todo mundo tem sotaque, menos eu 97
MITO 7: A língua dos índios é muito rudimentar 109
MITO 8: Depois de adulto, é praticamente impossível aprender uma nova língua 129
MITO 9: Os animais têm uma forma de comunicação tão complexa quanto a nossa 145
MITO 10: No futuro contaremos com um tradutor automático universal que traduzirá automaticamente qualquer frase de qualquer língua 161
Referências 171

Introdução

No começo de cada ano letivo, costumo ministrar uma disciplina chamada "Conceitos Básicos de Linguística". É uma disciplina voltada para os alunos calouros do curso de graduação em Letras da Universidade Federal do Rio Grande do Sul (UFRGS). Para a maioria, este é seu primeiro contato com a "ciência que estuda a linguagem", a linguística. Uma boa maneira de introduzir os alunos no assunto e ouvir suas opiniões acerca da linguagem é levar a eles alguns "mitos", tais como os que aparecem neste livro. Digo-lhes algo como: "A língua portuguesa é uma das mais difíceis do mundo" ou "os animais têm uma forma de comunicação tão complexa quanto a nossa" e peço que discutam entre si se tais afirmações são verdadeiras ou falsas. Peço que argumentem favoravelmente ou contrariamente a cada uma das afirmações que vemos em aula. É muito gratificante ver a divergência de opiniões e a tentativa de defesa de cada uma delas. Depois de algum debate, costumamos chegar a um consenso e partimos para algumas leituras sobre os mitos.

Aliás, foi a partir de livros como *A língua do Brasil amanhã e outros mistérios* (Perini, 2004), *A norma oculta: língua & poder na sociedade brasileira* (Bagno, 2003), *How Languages are Learned* (Lightbrown & Spada, 1993), *Language Myths* (Bauer & Trudgill, 1998) e *Preconceito linguístico* (Bagno, 2015) que elenquei alguns mitos para trabalhar com meus alunos em aula. E são essas leituras que guiam, no mais das vezes, nossas discussões linguísticas acerca desses assuntos.

Agora, neste livro, apresento dez mitos comuns sobre a linguagem, em geral, e sobre a língua portuguesa, de maneira específica. Trago o resultado de minhas pesquisas e meus debates com meus alunos e com meus colegas interlocutores. Por isso, devo deixar registrado aqui o meu agradecimento a meus alunos de "Conceitos Básicos de Linguística" e a vários colegas que leram versões preliminares dos mitos que apresento aqui, em especial Augusto Buchweitz, Cândida Selau, Carolina Ribeiro Serra, Cassiano R. Haag, Cláudia Brescancini, Claudia Caimi, Eduardo Kenedy, Elisa Battisti, Janaína Weissheimer, José Carlos Azeredo, Luisandro Mendes de Souza, Magali L. Endruweit, Mário A. Perini, Mônica R. Ayres, Paulo Guedes, Renata Vieira, Sandra Quarezemin, Simone Sarmento, Ubiratã K. Alves e Valquíria Borba. Além disso, devo agradecer ao editor da Parábola Editorial, Marcos Marcionilo, por me incentivar a topar a empreitada de escrever este livro. Obrigado pelo voto de confiança.

MITO 1

As mulheres falam demais

Em nossa sociedade, parece haver a ideia de que "as mulheres falam demais". Mas o que este mito quer dizer, exatamente? Será que as mulheres falariam mais do que os homens e, por isso, "falam demais"? Ou será que elas simplesmente falam mais do que deveriam falar? Ou seja: por trás deste mito, será que haveria uma comparação quantitativa entre a fala de homens e mulheres, algo do tipo *quem fala mais*? Ou será que haveria um ideal de representação da fala feminina, uma pretensa "quantidade máxima de fala" "normal" para as mulheres, mas que não consegue ser "respeitada" por elas na sociedade, no que toca a sua comunicação diária? Há, na verdade, dois mitos aqui, então. E ambos podem ser facilmente desconstruídos. Para isso, desdobremos este mito nessas duas facetas.

Comecemos pelo primeiro desdobramento: *as mulheres falam quantitativamente mais do que os homens?* Essa pergunta também poderia, ela mesma, ser pensada por dois vieses e acho que vale a pena fazermos isso aqui. O primeiro viés é biológico; o segundo, cultural. Ou seja: em termos de biologia humana, será que *biologicamente* a mulher está programada para usar mais a habilidade verbal do que o homem? Ou vice-versa? Sabemos que homens e mulheres são biologicamente diferentes. Os homens têm o pomo de adão no pescoço, as mulheres não; as mulheres têm o quadril mais largo do que o dos homens, com ossos da pelve formando um espaço mais amplo e plano do que encontramos nos homens. Será que o uso da linguagem faria parte de uma dessas diferenças?

Na verdade, nossa espécie não exibe *dimorfia sexual* muito acentuada. Ou seja, somos, homens e mulheres, bastante parecidos no que diz respeito à constituição física de nossos corpos. Compare a diferença entre pavões machos e fêmeas, por exemplo. O macho costuma ter o pescoço coberto de plumagem azul e exibe penas longas e bem coloridas na cauda, ao passo que a fêmea costuma apresentar penas verdes no pescoço e plumagem em tom acinzentado no restante do corpo, sem qualquer distinção para sua cauda. Essa distinção entre machos e fêmeas é fenotipicamente marcante, mesmo para um leigo no estudo das aves.

Pavão macho e femea
http://bit.ly/2n0WzK8

Ou veja como são alguns de nossos primos próximos, primatas superiores como chimpanzés e gorilas. Nessas espécies, os machos costumam ser mais fortes, mais corpulentos e ter os caninos maiores, provavelmente por causa da seleção sexual. Uma chimpanzé fêmea, por exemplo, costuma medir entre 70 cm e 1 metro, com peso variando entre 25 e 50 kg; um macho, ao contrário, tem altura média de 90 cm a 1,2 metros e pesa, em média, entre 35 e 70 kg. Essa diferença é ainda mais acentuada em gorilas: as fêmeas costumam pesar entre 70 e 115 kg, ao passo que os machos, em média, pesam entre 135 e 180 kg. Nessas espécies, os machos são significativamente maiores e mais fortes e usam dessa força para competir com outros machos por posições de destaque em seus agrupamentos. A diferença marcante na morfologia entre machos e fêmeas, pelo menos nos primatas, está geralmente associada a relações mais transitórias e menos cooperativas entre os sexos. Não é nosso caso. Nós, homens e mulheres modernos, temos diferenças corporais menos marcantes, um traço bem humano que provavelmente vem nos acompanhando desde os tempos do *Homo ergaster*, 1,8 milhões de anos atrás (cf. Klein & Edgar, 2005). Independentemente de sua cultura, homens e mulheres costumam ter relações sociais relativamente longas, em sociedades (mais ou menos) cooperativas, e a diferença entre seus corpos existe, mas não é tão acentuada.

Homo ergaster
http://bit.ly/2lzXLqQ

E o uso da língua, da fala, da comunicação? Também é reflexo da ausência significativa de dimorfismo entre os sexos do *Homo sapiens sapiens*? Será que a biologia nos *projetou* de tal maneira que não temos, homens e mulheres, diferença em nossas habilidades linguísticas? Ao que tudo indica, a resposta é categoricamente "não, não temos nenhuma diferença significativa no que toca ao uso da língua". Não há nada na biologia da mulher que possa justificar que ela tenha habilidade linguística mais aguçada que a habilidade de um homem (ou vice-versa). E mais importante do que a mera habilidade em potencial:

não há nada na biologia de uma mulher que faça com que ela "fale mais" do que um homem (ou vice-versa, novamente) em seu dia a dia. Biologicamente, temos estruturas cerebrais e cognitivas que não nos permitem distinguir um dos sexos como "aquele que fala mais", "aquele que fala melhor" ou "aquele que pode produzir mais palavras ou frases ao longo de um dia". Em miúdos, não encontramos nenhuma evidência de natureza genética ou biológica que possa sustentar este mito de que a mulher fale mais do que o homem.

Se o mito não encontra nenhum suporte na biologia humana, será que há aspectos culturais que fazem, então, com que as mulheres falem mais do que os homens? Em outras palavras, será que, culturalmente, as mulheres falam mais do que os homens?

As culturas são tão diversas entre si que uma resposta geral a essas perguntas seria logo posta em xeque. Em certas culturas, parece adequado que mulheres andem com os seios à mostra, em outras, não; em algumas culturas, homens usam cabelos longos, em outras, curtos; em algumas culturas, tatuagens corporais são sinal de prestígio, em outras, de estigma. Ou seja: as culturas são altamente diversificadas no que diz respeito ao comportamento de homens e mulheres. Como saber, então, se as mulheres falam mais do que os homens em *todas as culturas* humanas? Virtualmente impossível! E mesmo se isso se verificasse de fato, ou seja, se pudéssemos investigar *todas as culturas* humanas — incluindo as que não existem mais — e se descobríssemos que a mulher, de fato, fala mais do que os homens em todas as culturas estudadas, estaríamos diante de um universal cultural — e os universais culturais são fortíssimos candidatos a universais biológicos. Ou seja: se isso (as mulheres falarem mais do que os homens) acontecesse em *todas as culturas*, então não estaríamos diante de um traço cultural; estaríamos diante de um traço biológico da mulher. E acabamos de ver que não há explicações de base biológica que sustentem a ideia de que as mulheres falem mais do que os homens. Parece que essa linha de raciocínio nos levou a um beco sem saída. A menos que existam culturas em que as mulheres falem mais do que os homens, culturas em que os homens falem mais do que as mulheres e culturas em que homens e mulheres falem "por igual", seja lá como esse dado quantitativo possa de fato ser mensurado de maneira exata e inequívoca… Bem, aí poderemos obter uma resposta cultural que nos dissesse mais sobre o mito de que "as mulheres falam mais do que os homens".

Acontece que alguns estudos aplicados a culturas ocidentais próximas à nossa têm sido desenvolvidos nesse sentido (veja a seção "Para saber mais", ao final deste capítulo, por exemplo). E muitos desses estudos apontam para o seguinte: os homens — sim, os homens — têm a tendência de falar mais, especialmente em situações públicas, formais, situações em que a posse do turno de fala represente algum tipo de *status*. Em contextos formais de fala pública, são os homens que têm a tendência de monopolizar a fala — e não as mulheres (ao menos nas culturas estudadas, cf. Holmes & Meyerhoff, 2008; Onnela *et al.*, 2014, por exemplo).

Há estudos recentes (cf. Snyder, 2014; Robb, 2015) que mostram também que os homens não apenas falam mais do que as mulheres quando isso significa ter algum tipo de *status*, mas também interrompem as mulheres em suas falas nesses contextos. Isso, inclusive, levou à criação dos termos *mansplaining* e *manterrupting*, em inglês. O primeiro é uma junção entre *man* ("homem") e *explaining* ("explicando"), o segundo, entre *man* e *interrupting* ("interrompendo"). O primeiro termo se aplica quando um homem explica algo a uma mulher de maneira paternalista e "superior". O segundo se aplica quando um homem interrompe a fala de uma mulher para tomar o turno conversacional. Muitas vezes o *manterrupting* é seguido pelo *mansplaining*. Alguns exemplos (apenas em inglês, mas com legendas em português) podem ser vistos aqui: http://estilo.uol.com.br/comportamento/noticias/redacao/2016/05/17/mansplaining-ou-a-mania-que-os-homens-tem-de-interromper-as-mulheres.htm (acesso: 2 mar. 2017). Mas muitos outros exemplos podem ser vistos diariamente em português também, já que o *manterrupting* e o *mansplaining* não são exclusivos de países de língua inglesa (veja o texto de Liguori, 2015, por exemplo).

Se, por um lado, os homens parecem falar mais do que as mulheres em situações públicas que envolvem algum tipo de marcação ou reafirmação de *status* (a esse respeito, veja também Solnit, 2014), algumas pesquisas mostraram que, por outro lado, as mulheres costumam falar mais do que os homens em situações de fala particular, familiar (cf. Tannen, 1993, 1994; Holmes, 1998, 2013; Onnela *et al.*, 2014). Em grupos constituídos por pares, em que, normalmente, não há *status* a ser disputado através das tomadas de turnos conversacionais, as mulheres costumam ser mais loquazes do que os homens.

Este mito parece então ter um fundo cultural. Parece que, em algumas culturas, há um "ideal" tácito que as mulheres deveriam tentar atingir; um ideal de "quantidade de fala" *menor* do que a quantidade de fala dos homens em situações públicas. Nessas culturas, se uma mulher tem desenvoltura para falar em público, ela pode levar a fama de "falar demais". Ou seja: não é que a mulher fale demais; ela simplesmente fala mais do que alguns gostariam que ela falasse. Esse tipo de preconceito vem expresso em diversos ditados populares, como no dito popular da língua maori, falada na Nova Zelândia, que vai mais ou menos assim: "Se você encontrar uma mulher com mãos e pés ativos, se case com ela, mas se a mulher tiver uma boca hiperativa, fique longe".

Holmes (1998), ao tratar deste mesmo mito, apresenta alguns estudos conduzidos em ambientes escolares na Nova Zelândia e na Austrália do final do século XX. Por exemplo: quando perguntados, normalmente os professores acham que dão o mesmo espaço para meninas e meninos participarem das discussões em sala de aula. Entretanto, depois de ouvirem gravações da aula, eles mesmos percebem que os meninos costumam ganhar bem mais espaço de interlocução do que as meninas. Além disso, as meninas, muitas vezes, *escolhiam* não falar ou participar da aula, com receio de os meninos acharem que elas eram inteligentes, exibidas ou intrometidas demais. Veja, por exemplo, o relato de uma menina de 16 anos, reportado em uma das pesquisas sobre a relação entre a diferença de gênero e a fala em sala de aula:

> Às vezes, quero dizer que discordo, que tem outros jeitos de entender [o problema], mas a que isso me levaria? Meu professor acha que estou me exibindo, e os meninos zombam. Mas se eu finjo que eu não tô entendendo, é bem diferente. O professor é compreensivo, e os meninos são prestativos. Eles realmente ajudam se ELES puderem te mostrar como a coisa funciona. Mas se você demonstrar qualquer sinal de que VOCÊ é que vai mostrar como a coisa funciona, então se tornam hostis (Holmes, 1998: 47).

Chegando ao final da discussão deste mito, podemos tentar responder às duas perguntas iniciais do capítulo:

As mulheres falam mais do que os homens? Não, não podemos afirmar, de maneira categórica, nem tampouco defender a ideia de que a mulher fala mais do que o homem. Como vimos, em contextos familiares e íntimos, em que não há disputa de *status* pela posse do turno de fala, alguns estudos reportaram que as mulheres de fato falam mais do que os homens. Por outro lado, quando a fala acontece em público e dominar a fala se relaciona com ganhar ou manter algum tipo de *status*, então o homem não apenas fala mais do que a mulher como também tende a não permitir que ela fale tanto quanto ele. Em resumo: as mulheres levam essa fama (ou melhor: carregam essa sina) de maneira injustificada.

As mulheres falam mais do que deveriam falar? Aparentemente, há uma expectativa social (ao menos nas sociedades investigadas pelos estudos reportados aqui — veja abaixo a seção "Para saber mais") de que as mulheres falem menos do que os homens em situações discursivas públicas. Quando uma mulher se expressa "mais do que deveria" (leia-se: mais do que os outros julgam que ela deveria expressar) em público, ela pode receber julgamentos negativos por causa de sua loquacidade. Por outro lado, vimos que essa expectativa idealizada de a fala da mulher ser, de certa forma, inferior à fala do homem, não está calcada em nenhuma lei biológica ou genética. É uma mera prática social e está atrelada a cada cultura. E como qualquer outra convenção social (como andar com os seios à mostra ou ocultos, usar cabelos longos ou curtos, tatuar ou não tatuar o corpo), ela pode ser mudada pelas próprias pessoas que compartilham — e aprovam ou desaprovam — essa prática.

Para saber mais

O tema é muito interessante e bastante atual. Ainda contamos com poucos trabalhos em português — o que significa que há muito ainda a ser feito sobre o assunto em terras brasileiras, especialmente numa época em que a expectativa social é de que a mulher seja "bela, recatada e do lar".

Creio que as seguintes leituras podem ser interessantes para o aprofundamento de algumas das questões levantadas neste capítulo e para ajudar a desconstruir de vez este mito: Lakoff (1975), Tannen (1991, 1993, 1994), James & Drakich (1993), Holmes (1998, 2013), Bucholtz *et al.* (1999), Stokoe & Weatherall (2002), Kramarae & Spender (2004), Holmes & Meyerhoff (2008), Chemaly (2014), Hancock & Rubin (2014), Myers (2014), Onnela *et al.* (2014), Snyder (2014), Solnit (2014), Bennet (2015), Liguori (2015) e Robb (2015).

MITO 2

A gramática do português não tem lógica

Essa é uma queixa que persegue muitos estudantes, desde seus primeiros anos nos bancos escolares, quando começam a estudar a "gramática da língua portuguesa". Essa queixa, na verdade, perpassa todos os níveis escolares e acadêmicos. Por isso, costumamos ouvir essa crítica à gramática até de pessoas com ensino superior completo. Mas a que se deve essa fama de ser "ilógica" que a gramática recebeu?

Antes de começarmos, precisamos ter em mente que o termo "gramática" pode ser usado de diferentes maneiras. Quando ouvimos "a gramática do português não tem lógica" vindo de pessoas leigas (leia-se: de pessoas que não estudaram linguística), "gramática" significa aquele livro de caráter (até certa medida) pedagógico que traz uma série de regras sobre como escrever — e, às vezes, também sobre como pronunciar — palavras e frases "de maneira correta" em língua portuguesa. Quando uso o adjetivo *correta*, quero dizer que esse tipo de gramática assume que existam maneiras corretas e incorretas de escrever (ou pronunciar) palavras e frases na língua. O nível de adequação e correção idealizado por esses gramáticos é muito subjetivo — e, por isso mesmo, questionável —, mas essa noção de *certo* e *errado* está lá, sempre presente nesse tipo de gramática (veja, por exemplo, as gramáticas de Napoleão Mendes de Almeida, Rocha Lima ou Evanildo Bechara).

Exemplo de uma regra prescritiva dessa natureza pode ser uma dessas, que encontramos facilmente na seção de "Ortografia" de uma gramática, algo como: "As palavras proparoxítonas (como *ár-vo-re*) devem ser acentuadas". Esta é uma regra que prescreve o uso do acento em determinados tipos de palavras (as proparoxítonas). Também costumamos encontrar regras que tentam prescrever como determinadas palavras devem ser pronunciadas, como a seguinte: "As palavras *obeso* e *obsoleto* devem ser pronunciadas com [e] aberto ('obéso' e "obsoléto')". Existem regras sintáticas e morfológicas também. Uma regra que podemos encontrar numa seção de "Sintaxe", por exemplo, é a seguinte: "Quando o verbo *haver* for existencial, ele fica impessoal" (ou seja: deve necessariamente estar flexionado na 3ª pessoa do singular; daí por que *Haviam muitas pessoas no jogo ontem* ser uma frase condenada pela gramática — o correto sendo *Havia muitas pessoas no jogo ontem*).

Além de prescrever o uso de certas regras consideradas corretas pela tradição gramatical (como as que vimos acima), esse tipo de gramática costuma trazer a nomenclatura que considera adequada para apresentar e descrever os fatos e os fenômenos da língua. Por exemplo, as gramáticas costumam trazer termos como *sujeito, ditongo crescente, predicado verbo--nominal, hiato, objeto direto, conjunção subordinativa, interjeição, verbo defectivo, oração subordinada* etc. Muitos desses termos tornaram-se oficiais no ensino com a criação da Nomenclatura Gramatical Brasileira (NGB), de 1959, um documento que balizou a nomenclatura utilizada no estudo gramatical da língua portuguesa no Brasil à época — e que é seguida, em maior ou menor grau, ainda hoje por gramáticos normativos contemporâneos, como Bechara, Pasquale Cipro Neto ou Luiz Antonio Sacconi. Esses termos servem para o gramático poder apresentar suas análises (sintática, morfológica, fonológica ou ortográfica) de determinados fenômenos da língua com base numa nomenclatura mais ou menos comum.

Esses dois "papéis" que as gramáticas normativas tomaram para si ao longo do tempo (a saber: prescrever regras de "bom uso da língua" e analisar fenômenos gramaticais com base em uma terminologia metalinguística estabelecida pela NGB) são tremendamente questionáveis e vêm sendo postos em xeque de maneira sistemática e muito séria desde, pelo menos, meados da década de 1980 no Brasil. Por um lado, vários linguistas e gramáticos brasileiros têm apresentado críticas aos padrões idealizados de "correção gramatical" e "bom uso da língua". Por outro, temos visto uma verdadeira desconstrução de análises gramaticais presentes nas gramáticas tradicionais, seja porque tais análises são, por vezes, extremamente simplistas e não conseguem descrever adequadamente a língua escrita no Brasil há muito tempo (muito menos a língua falada), seja por causa de inconsistências e limitações dos termos consagrados pela NGB e usados — ainda hoje — na maior parte das gramáticas normativas do país. (Entre os muitos linguistas e gramáticos que publicam e publicaram trabalhos nesse sentido, destaco os textos de Amini

Hauy, Ataliba Teixeira de Castilho, Carlos Faraco, Celso Pedro Luft, Marcos Bagno, Mário Perini e Sírio Possenti; separei alguns textos desses pesquisadores na seção "Para saber mais", ao final deste capítulo).

Contudo, essas críticas têm sido feitas por linguistas e gramáticos brasileiros. E a queixa de que "a gramática do português não tem lógica" costuma vir de alunos e pessoas leigas, sem formação em linguística. Será que isso quer dizer que as pessoas, de maneira geral, chegaram à mesma conclusão que os linguistas e gramáticos a respeito das gramáticas normativas? Não acredito que seja esse o caso. Nós, linguistas, questionamos alguns pressupostos básicos da gramática. Por exemplo: qual é e de onde vem o modelo de língua que aparece analisada ali? Por que esse modelo deve ser considerado o "padrão" de língua a ser seguido? Por que não outro modelo? Qual é a fonte de exemplos em que a descrição e a prescrição gramaticais se baseiam? A maioria das gramáticas normativas apenas pincela exemplos de escritores considerados clássicos, no intuito de ilustrar ou legitimar regras prescritivas que são repetidas *ad nauseam* por cada nova geração de gramáticas (cf. Bagno, 2003; Azeredo, 2015, por exemplo, que mostram como as gramáticas normativas não se preocupam, de fato, com a linguagem usada por grandes escritores, mas apresentam apenas esparsos exemplos para ilustrar regras gramaticais propostas de antemão).

Além disso, fazemos objeções às análises gramaticais equivocadas presentes nas gramáticas. Por exemplo: por que a gramática apresenta regras e prescrições gramaticais que podemos considerar estapafúrdias, como "o pronome de 2ª pessoa do plural em português é *vós*", ou regras já abandonadas há tempos por falantes cultos e escritores contemporâneos, como "a ênclise é a regra geral de colocação do pronome oblíquo em português"? Essas são perguntas e críticas que fazemos quando analisamos uma gramática normativa tradicional. Os leigos, por outro lado, se queixam de que a gramática não tem lógica (no sentido de que suas regras são contraditórias e apresentam constantemente muitas exceções). É uma queixa distinta. Vejamos por quê, agora que já sabemos um pouco mais sobre o que vem a ser uma gramática (nesse sentido normativo) e sabemos que essa gramática enfrenta sérias críticas por grande parte dos pesquisadores que se ocupam do estudo da língua portuguesa, de maneira específica, e das línguas, de maneira geral.

No que segue, veremos alguns aspectos que realmente parecem ilógicos nas gramáticas normativas tradicionais e, depois, descobriremos um outro significado para o termo "gramática". Descobriremos que o termo "gramática" também pode se aplicar ao conhecimento gramatical inconsciente que todo falante tem a respeito de sua língua materna. E veremos que uma gramática, nesse sentido, é extremamente lógica — e seu estudo, fascinante. Primeiramente, então, vejamos algumas inconsistências da gramática normativa tradicional que podem parecer ilógicas — não apenas para o leigo, mas para o linguista também.

Comecemos com alguns pontos de análise sintática (a parte da gramática destinada a estudar como as palavras se combinam na criação de frases bem formadas na língua). Ao abrirmos uma gramática normativa tradicional, é possível encontrar, logo no início da seção de "Sintaxe", os chamados *termos essenciais* da oração: o sujeito e o predicado. Esses termos são "essenciais", "fundamentais", "básicos" (nas palavras dos próprios gramáticos) para a formação de orações e frases. Entretanto, ao avançarmos algumas páginas nessa mesma seção, sem dúvida, encontraremos "sujeito inexistente" ou "orações sem sujeito" (casos com o verbo *haver* no sentido existencial, por exemplo, como vimos na frase *Havia muitas pessoas no jogo ontem*; aqui o verbo fica impessoal (flexionado na 3ª pessoa do singular), justamente porque não há nenhum sujeito para flexioná-lo; *muitas pessoas*, apesar de "se parecer" com um sujeito é, na verdade, analisado como objeto direto do verbo). Ou seja: os gramáticos nos alertam para o fato de que o sujeito é elemento essencial, básico, fundamental para a constituição da frase; em seguida, nos apresentam casos em que a oração não apresenta sujeito! Como um termo pode ao mesmo tempo ser *essencial* e *inexistente*? Isso é, de fato, contraditório.

Outro ponto de sintaxe que pode parecer ilógico ao olhar do leigo (e, na verdade, de qualquer um que leia com atenção uma gramática tradicional) é a seção gramatical que fala dos complementos verbais — o objeto direto e o indireto. O objeto direto completa o verbo sem preposição (*Eu li **um livro**, Maria ama **João**, Pedro comprou **meias novas*** etc.), ao passo que o objeto indireto completa um verbo que exige uma preposição (*Eu preciso **de um livro**, Maria gosta **de João**, Pedro entregou meias novas **a Maria*** etc.). Em seguida, na mesma lição sobre complementos verbais, vemos as famosas "exceções às regras", que provavelmente são as responsáveis pela fama de "ilógica" que acompanha a gramática. Por exemplo: na seção de objetos diretos (os complementos verbais que não são precedidos por preposição), encontramos um subtipo chamado de "objeto direto preposicional". Ou seja: um objeto direto que, contrariando as expectativas, é precedido por preposição (a gramática de Rocha Lima traz doze casos em que o objeto direto pode ou deve ser precedido de preposição)! Já na seção que trata dos objetos indiretos (aqueles complementos verbais precedidos por preposição), encontramos determinado tipo que não é preposicionado. É o caso em que o objeto indireto é expresso por um pronome pessoal, como *me*, *te* ou *lhe* (*O Pedro **me** entregou um livro, O João **te** fez um favor, Eu **lhe** escrevi um recado*).

Para não ficarmos apenas com exemplos de contradições na análise sintática, vejamos outro caso que costuma assombrar quem tem medo de cometer um crime ortográfico: o uso do sinal indicativo de crase. A regra básica do uso do sinal de crase vai mais ou menos assim: em sendo a crase a junção entre a preposição *a* e o artigo feminino *a*, só podemos usar o sinal indicativo de crase quando tivermos, justamente, uma construção em que tenhamos esses dois *as*. Por exemplo: *João entregou a+o Pedro uma carta e a+a professora uma flor*. Ao invés de grafarmos *a+o*, escrevemos *ao*. Da mesma forma, ao invés de grafarmos *a+a*, escrevemos *à*: *João entregou **ao** Pedro uma carta e **à** professora uma flor*. Desse raciocínio bastante simples, segue-se que só poderemos utilizar o sinal de crase quando houver um verbo (ou nome) que exija a presença da preposição *a* (por exemplo: *entregar algo* ***a*** *alguém, escrever algo* ***a*** *alguém, obedecer* ***a*** *alguém* etc.) seguido por um substantivo feminino (ou seja: um substantivo que aceite o artigo feminino *a*, como *a mesa, a menina, a filha, a professora, a carta, a flor* etc.).

Em princípio, escrever usando o sinal de crase nos contextos apropriados não deve parecer muito complicado então. Entretanto, as mesmas gramáticas que trazem explicações sobre o uso do sinal de crase (semelhantes à que esboçamos no parágrafo anterior) também apresentam longas seções de "exceções à regra da crase". Na gramática de Savioli, por exemplo, encontramos (depois da regra geral de uso do sinal indicativo de crase) quatro casos em que "sempre ocorre crase", três "casos facultativos" e cinco "casos especiais". Ou seja: uma única regra parece não cobrir todos os casos prescritos para o uso correto do sinal de crase. Não à toa, o tema continua assombrando estudantes e escritores de todas as faixas etárias e graus de escolaridade e contribui para a construção do mito de que a gramática do português não tem lógica.

Acredito que o ponto esteja bem claro a esta altura. Entretanto, não poderíamos deixar de tratar de um caso mais "recente" de contradição e confusão prescritiva, o caso dos novos usos do hífen, que surgiram com o último acordo ortográfico assinado em 1990 e que se tornou obrigatório em 2016. As regras para o uso adequado do hífen são bastante numerosas — e muitas têm diversos casos de exceção ou não são muito claras para um leitor não especializado (recomendo o guia elaborado por Carlos Alberto Faraco para uma boa síntese, cf. Faraco, 2009). Vejamos um único caso que deve ilustrar o ponto. Numa seção gramatical atualizada sobre ortografia, podemos encontrar, entre as muitas regras do hífen, a seguinte normativa: "Usa-se o hífen para separar palavras compostas que designam espécies botânicas e zoológicas". Por isso, palavras como *couve-flor*, *erva-doce*, *bem-te-vi*, *chá-da-índia* são hifenizadas (mas, por algum motivo que me escapa à razão, *chá preto* e *chá verde* não levam hífen). E também por causa dessa mesma regra, o nome que designa a planta *bico-de-papagaio* é grafado com hífen. Contudo, o termo que designa a doença *bico de papagaio* não é. Afinal, a primeira é um termo do domínio botânico e a segunda não. Tudo muito lógico (#sqn).

Este mito parece, então, fazer algum sentido. De fato, as gramáticas normativas da língua portuguesa apresentam regras prescritivas por vezes pouco claras e com orientações contraditórias. Este mito tem um bom embasamento empírico, portanto. Mas vimos que o termo "gramática" pode assumir outros significados. Entre eles, podemos entender "gramática" como um conjunto de conhecimentos implícitos que todos os falantes temos a respeito das regras de funcionamento e estruturação da nossa língua. E, nesse sentido, a gramática é bastante lógica — a tarefa dos linguistas (de muitos linguistas, na verdade) consiste justamente em explicitar quais são essas regras de funcionamento da gramática presentes na mente de cada falante. Em outras palavras, há regras e princípios gramaticais que todos conhecemos e colocamos em prática ao usar nossa língua materna — e esses princípios e regras não são "visíveis" nem percebidos pelos olhos do leigo. O linguista é que tenta desvendar como a língua funciona, através de regras descritivas e explicativas que revelem a estrutura e o funcionamento da língua de forma lógica e que faça sentido. Vejamos do que estamos falando exatamente.

Em uma seção sobre os usos do "porque" de uma gramática normativa, vamos descobrir que ele apresenta quatro grafias diferentes: *porque, porquê, por que* e *por quê*. Cada um deve ser usado de maneira distinta, conforme prescrito pelas normas — e como podemos observar no diálogo abaixo:

A: *Por que* João foi embora mais cedo hoje?
B: Não tenho certeza, mas acho que foi *porque* tinha um compromisso.
A: *Por quê*? Não ouvi nada. A ligação cortou. Fala de novo.
B: Eu disse que sei o *porquê* de João ter saído mais cedo: *porque* ele tinha um compromisso!

Mas e na fala, quantos "porques" de fato utilizamos? Basicamente, usamos dois (pelo menos no dialeto porto-alegrense que falo): o [pur.'ke] e o [pur.'ki], algo como "purque" e "purqui". E quais são as regras de uso dessas duas pronúncias diferentes do porquê? Leia novamente o diálogo acima em voz alta e observe como você pronuncia cada um daqueles porquês. No meu dialeto (de Porto Alegre), ficaria mais ou menos assim:

A: *[pur.'ke]* João foi embora mais cedo hoje?
B: Não tenho certeza, mas acho que *[pur.'ki]* ele tinha um compromisso.
A: *[pur.'ke]*? Não ouvi nada. A ligação cortou. Fala de novo.
B: Eu disse que sei o *[pur.'ke]* de João ter saído mais cedo: *[pur.'ki]* ele tinha um compromisso!

Ou seja, em meu dialeto, usamos [pur.'ke] para o que corresponde, ortograficamente, a *por que*, *por quê* e *porquê*. E usamos [pur.'ki] para o *porque* ortográfico. O interessante é que esse é um tipo de regra inconsciente sobre o funcionamento da língua. Isso significa dizer que todos os falantes que seguem essa regra — como eu, por exemplo — fazem isso sem necessariamente saber explicitá-la. Na verdade, não acredito que muita gente saiba as regras ortográficas do uso adequado do porquê. Entretanto, todos (mesmo quem nem sabe como se escreve o porquê e mesmo quem nem sabe que existem diferentes tipos de grafia do porquê) seguem, sem hesitar, a regra que prediz como se deve pronunciar o porquê. É uma regra inconsciente de funcionamento da língua. Apesar de uma pessoa comum não saber que essas regras de pronúncia existem, elas estão em constante atuação na fala de todos os que compartilham o meu dialeto. Como mencionei, ninguém "erra" essa regra. Ou seja, nenhum falante nativo do português (de Porto Alegre, pelo menos) vai pronunciar algo como *[pur.'ki]? Não ouvi nada. A ligação cortou. Fala de novo.* Essa é uma pronúncia estranha à nossa gramática inconsciente.

Para vermos um exemplo que foge do meu dialeto, considere como um carioca pronuncia tipicamente as palavras *biscoito, pasta, basta, teste* etc. Os cariocas usam o que alguns chamam de "S chiado" — e que os linguistas representam pelo símbolo fonético [ʃ].

Ou seja, onde outros pronunciam um "S não chiado" nessas palavras, os cariocas dizem *bi[ʃ]coito, pa[ʃ]ta, ba[ʃ]ta, te[ʃ]te*. Aparentemente, poderíamos pensar, então, que os cariocas pronunciam todas as ocorrências de "s" como um "S chiado". Mas essa hipótese cai por terra quando ouvimos um carioca dizer *sopa, salsicha* ou *pêssego*, por exemplo. Nessas palavras, o "s" é pronunciado da mesma maneira tanto pelos cariocas como pelos demais falantes do português. Isso quer dizer que há uma regra mais específica que estipula quando um "s" pode ser pronunciado chiado, como um [ʃ]. E a regra presente na gramática do dialeto carioca prediz que o "s" deve ser pronunciado como [ʃ] apenas quando estiver em posição final de sílaba. Esse me parece um tipo de conhecimento bastante sofisticado, não?

Ou seja, um falante deve saber o que é uma sílaba, para só então conseguir pronunciar um "s" da maneira adequada no dialeto carioca. Mas como é possível que crianças muito novas falem *bi[ʃ]coito, pa[ʃ]ta, ba[ʃ]ta* e *te[ʃ]te* se ninguém ainda contou para elas o que é uma sílaba? E como vemos analfabetos pronunciando essas mesmas palavras sem terem recebido qualquer instrução formal acerca do que venha a ser uma sílaba, de igual forma? Novamente, vemos um exemplo de regras sistemáticas e inequívocas atuantes na gramática inconsciente dos falantes. Nenhum falante que compartilha o dialeto carioca falaria *pasta* sem o "s chiado" ou *sopa* como se fosse [ʃ]*opa* ("xopa"). Ou seja: a regra está atuante, ainda que de maneira inconsciente.

Mais um exemplo desse tipo de regra gramatical, de nossa gramática internalizada e inconsciente, diz respeito ao deslocamento de elementos interrogativos para o início de uma pergunta. Veja o seguinte diálogo:

> A: Ontem eu conheci a professora que dá aula de linguística. Gostei muito dela.
> B: Você conheceu *quem*?
> A: A professora que dá aula de linguística!

Repare que o pronome interrogativo *quem* pode aparecer no final da frase, na posição de complemento do verbo, ou pode aparecer no início da pergunta, como vemos abaixo:

> A: Ontem eu conheci a professora que dá aula de linguística. Gostei muito dela.
> B: *Quem* você conheceu?
> A: A professora que dá aula de linguística!

Ambas as possibilidades são aceitas e usadas diariamente por falantes de português. Entretanto, há uma restrição gramatical que não permite que esse tipo de elemento interrogativo (*quem*, no nosso exemplo) seja "extraído" de uma oração subordinada adjetiva. Isso significa que, no diálogo abaixo, uma pergunta como a de B, com o pronome interrogativo em seu lugar original, é bem formada:

> A: Ontem eu conheci a professora que dá aula de linguística. Gostei muito dela.
> B: Você conheceu a professora que dá aula *de quê*?
> A: A professora que dá aula de linguística!

Contudo, não podemos mover esse elemento interrogativo (*de quê*) para o início da frase, sob pena de tornar a pergunta agramatical, ou seja, transformá-la em uma construção malformada de acordo com as regras sintáticas da gramática internalizada do falante (o asterisco marca a agramaticalidade da pergunta de B, abaixo):

> A: Ontem eu conheci a professora que dá aula de linguística. Gostei muito dela.
> B: *De quê* você conheceu a professora que dá aula __?
> A: A professora que dá aula de linguística!

A pergunta de B é malformada justamente porque B moveu o elemento interrogativo (*de quê*) para o início da frase — e há uma regra, em nossa gramática internalizada, que vai mais ou menos assim: "Proibido mover elementos interrogativos de dentro de orações subordinadas adjetivas". Essa é, novamente, uma regra complexa, que envolve conhecimentos sintáticos sofisticados. E, novamente, ela é seguida por todos os falantes do português (na verdade, trata-se de uma restrição universal, presente na gramática de todas as línguas, o que torna essa regra ainda mais interessante, a meu ver). Ninguém produz perguntas como a sequência malformada que vimos no último diálogo (a pergunta de B, que levou um asterisco), ainda que ninguém tenha aprendido formalmente uma regra tão sofisticada quanto essa. Na verdade, esse tipo de regra gramatical não precisa constar numa gramática normativa, já que é uma regra da gramática internalizada, seguida, como vimos, por todos os falantes da língua.

Podemos ver que essas regras gramaticais de nossa gramática internalizada são bem precisas. E o trabalho do linguista é tentar descobri-las, descrevê-las e explicá-las da melhor maneira possível. Nessa concepção do termo "gramática" — como um conjunto de saberes inconscientes que os falantes têm a respeito do funcionamento de sua língua materna —, não podemos dizer que a gramática seja ilógica. Pelo contrário, estudando gramática com esse viés descritivo, científico, explicativo, linguístico podemos descobrir regras e princípios que realmente fazem sentido e que realmente estão presentes na língua portuguesa falada no Brasil hoje.

Para saber mais

Se você se interessa por gramática, se achou a discussão sobre este mito interessante, recomendo algumas leituras iniciais: Hauy (1983), Luft (1985), Perini (1985, 1997, 2004, 2016), Possenti (1996), Brito (1997), Castilho (2000, 2010), Bagno (2001, 2003, 2009, 2012), Vieira & Brandão (2007), Faraco (2008), Henriques (2009), Possenti (2009), Moura Neves & Casseb-Galvão (2014), Schwindt (2014), Azeredo (2015), Faraco & Vieira (2016) e Pires de Oliveira & Quarezemin (2016).

MITO 3

Ninguém fala o português correto, certo?

Ouvimos isso a todo momento. Este mito está entranhado em nossa sociedade e aparece em frases comuns que as pessoas leigas falam, especialmente quando se dirigem a nós, estudantes de Letras e Linguística. São frases como as seguintes:

> "Tenho que me cuidar quando falar perto de ti; não falo português muito bem".

> "Nossa língua é muito difícil. É impossível falar certo".

> "Não repara no meu português, que ele não é muito bom".

Temos de entender que este mito não está ligado à língua portuguesa exatamente. O português é uma língua natural tão complexa quanto qualquer outra língua natural, como o inglês, o xavante ou o húngaro (ver mitos 2 e 7). Mesmo sendo complexa, nossa língua (também como qualquer outra língua natural) já é dominada por um falante nativo desde sua mais tenra idade, independentemente de sua escolarização. Ou seja, crianças de 2, 3, 4 anos de idade já se expressam fluentemente em português, ainda que não dominem todas as estruturas que um falante adulto domina. Por isso, este mito não está relacionado ao português propriamente dito — já que todos nós, falantes nativos do português, nos expressamos fluentemente na nossa própria língua. Este mito está ligado, na verdade, ao uso das regras da chamada "norma culta", regras prescritas pelas gramáticas normativas tradicionais. Ou seja, quando ouvimos uma pessoa leiga dizer algo como: "Ninguém fala o português correto", temos de entender, em primeiro lugar, o que essa pessoa quer dizer com "o português correto".

Normalmente "o português correto" é o português "gramatical", ou seja, o português que aparece como modelo exemplar numa gramática normativa de língua portuguesa, o português tal como é — ou deveria ser — escrito por grandes escritores em sua produção literária. Esse português correto se opõe, então, à língua efetivamente falada pelos brasileiros em suas vidas cotidianas — e que nós, linguistas, chamamos de *vernáculo*. O que está por trás deste mito é a ideia de que há um português "correto", supostamente dominado por gramáticos e professores de língua portuguesa, e um português "não correto", vernacular, falado por todo o resto da população, inclusive por quem cresceu falando português e estudou uma disciplina escolar chamada Língua Portuguesa por mais de dez anos em bancos escolares — ou seja, algo realmente inatingível.

O curioso dessa história é que, nesse sentido, o mito está correto: ninguém fala o português correto, se continuarmos a entender que o português correto é aquele que aparece "descrito" numa gramática normativa tradicional — como na gramática de Bechara, Celso Pedro Luft, Rocha Lima ou Napoleão Mendes de Almeida, por exemplo. Nem os próprios gramáticos falam (ou escrevem) tal como prescrevem em suas gramáticas (cf. Bagno, 2003, 2007; Faraco, 2001). E isso acontece porque as gramáticas normativas tradicionais costumam fazer uma jogadinha meio suja, digamos assim. Ao lermos a introdução de uma gramática normativa, vemos que a intenção de seu autor costuma ser nobre. Algo como "descrever a língua escrita por grandes escritores da língua portuguesa" ou "mostrar o padrão culto literário de grandes escritores, clássicos e contemporâneos". Veja dois trechos retirados de duas gramáticas tradicionais:

> [...] em matéria de bom uso da língua literária, os ensinamentos até aqui esposados pela *Gramática normativa* são confirmados, em sua quase totalidade, pela lição dos prosadores e poetas de hoje — o que patenteia, de maneira solar, a continuidade histórica das formas verdadeiramente afinadas com o sentimento idiomático (Rocha Lima, 2012[1972]: 29).

As características gerais desta *Nova gramática do português contemporâneo* são fáceis de definir.

> Trata-se de uma tentativa de descrição do português atual na sua forma culta, isto é, da língua como a têm utilizado os escritores portugueses, brasileiros e africanos do Romantismo para cá, dando naturalmente uma situação privilegiada aos autores dos nossos dias (Cunha & Cintra, 2013: xxiv).

Ou seja, os autores dessas gramáticas nos dão a entender que encontraremos ali uma descrição da língua culta literária, com base na produção literária contemporânea. O que eles não nos dizem, entretanto (e aqui vem a jogadinha suja), é que já trazem consigo regras gramaticais apriorísticas, legadas da tradição gramatical e que nem sempre encontram respaldo nos textos literários contemporâneos. Ou seja, os gramáticos já vêm com regras prontas de antemão e apenas pincelam exemplos aqui e ali para mostrar a aplicação dessas regras. Ao invés de toda regra gramatical vir com um exemplo extraído da literatura, muitos dos exemplos que encontramos nas gramáticas são inventados pelos próprios gramáticos, justamente para poderem justificar as regras por eles prescritas. Bagno (2003) traz diversos exemplos disso. E basta abrirmos uma gramática normativa qualquer para ver que pululam exemplos inventados e repetidos *ad nauseam* pelos próprios gramáticos (faça o teste com a gramática mais próxima a seu alcance). Nas palavras de Bagno (2003: 157): "A verdade é que o uso que os gramáticos fazem dos escritores é *conduzido* pelas concepções de correção e incorreção que o gramático já traz como *crença prévia* a seu trabalho".

A gramática normativa tradicional descreve, então, não uma norma culta, mas prescreve e apresenta uma *norma cultuada*, no sentido de Faraco (2002, 2006). Em outras palavras, o que encontramos nas gramáticas normativas tradicionais não é a norma usada de fato pelos escritores consagrados da língua portuguesa. O que encontramos ali é aquilo "que se codificou como correto na escrita" (Faraco, 2006: 22), um ideal linguístico inalcançável até mesmo por grandes escritores da língua, imagine por pessoas cultas e letradas "comuns", como você e eu. Nesse sentido, o mito tem razão: ninguém fala ou escreve o tempo inteiro da maneira como a gramática prediz que deveríamos falar ou escrever (vale a ressalva: a gramática normativa traz, em geral, normas para a escrita e não para a fala). É como diz uma frase do investidor e filantropo norte-americano Warren Buffet: "Se um policial te seguir por 500 milhas, você vai acabar ganhando uma multa". Ou seja: ao usarmos a língua no nosso dia a dia, acabaremos violando alguma regra prescrita pela gramática normativa tradicional.

Mesmo escritores consagrados da língua portuguesa cometem "deslizes" gramaticais. Talvez um bom exemplo seja Luis Fernando Verissimo. Em sua crônica "O gigolô das palavras" (Verissimo, 1982), ele afirma: "Escrever bem é escrever claro, não necessariamente certo" (p. 10). E continua (confirmando nosso mito): "[...] minha implicância com a gramática na certa se devia à minha pouca intimidade com ela. Sempre fui péssimo em português" (p. 11).

Outro caso interessante é narrado por Medeiros e Albuquerque, autor da letra do Hino da Proclamação da República, em seu livro *Quando eu era vivo* (Medeiros e Albuquerque, 1981). Ele conta que contratou Antônio Valentim da Costa Magalhães, um dos fundadores da Academia Brasileira de Letras, para ser professor de português na escola da qual era diretor, depois de Valentim confessar-lhe que não entendia muito de gramática, apesar de ser conhecido como bom escritor. O que Medeiros e Albuquerque queria, ele justifica, era justamente um professor "que soubesse escrever e ensinasse a escrever", porque "todos os professores faziam descambar o ensino para a aprendizagem da gramática" (p. 288). Ou seja, mesmo um dos fundadores da ABL confessou seu desconhecimento da gramática como disciplina escolar.

E a história fica ainda mais interessante. Diz Medeiros e Albuquerque (p. 288):

> À tarde, na Rua do Ouvidor, encontrando Machado de Assis, contei-lhe o fato. Machado exclamou sorrindo: "Por que V. não me nomeou? Eu servia perfeitamente". E referiu-me que abrira, dias antes, a gramática de um sobrinho, e ficara assombrado da própria ignorância: não entendera nada!

Eu gostaria de saber qual gramática Machado abriu para chegar a essa constatação. De qualquer maneira, essa "ignorância" dos grandes escritores se dá, em grande parte, porque as regras estabelecidas nas gramáticas normativas tradicionais são, muitas vezes, regras que já não descrevem a língua portuguesa culta. A norma culta que essas gramáticas dizem descrever e apresentar é, então, inatingível, idealizada. Essa suposta norma culta traz como corolário a ideia de que não dominamos nossa própria língua nem nos expressamos corretamente nela, seja na fala, seja na escrita. Há, portanto, uma relação de poder estabelecida aí — uma relação já há muito compreendida e desconstruída pelos linguistas (cf. Brito, 1997; Bagno, 1999, 2003; Faraco, 2008; Lagares & Bagno, 2012).

Se a norma culta presente nas gramáticas normativas não é representativa, de fato, da norma culta da língua, qual seria a norma a ser descrita por uma gramática do português? Essa foi uma pergunta-chave para muitos linguistas brasileiros na segunda metade do século passado. Foi a partir de questionamentos como esse que surgiram uma nova proposta de investigação da norma culta *brasileira* e um projeto de pesquisa muito interessante, o projeto da Norma Urbana Culta Brasileira, o NURC. Esse projeto foi pioneiro na pesquisa em ampla escala da fala de pessoas cultas de cidades brasileiras (o projeto começou suas investigações nas cidades de Porto Alegre, Rio de

Janeiro, São Paulo, Salvador e Recife). A partir desse projeto, diversos outros projetos de fôlego apareceram, com o intuito de descrever e analisar a norma culta, tal como falada efetivamente por falantes cultos no país (cf. Castilho, 2002; Votre & Roncarati, 2008; Collischonn & Monaretto, 2012; Paiva & Silva, 2012; Raso & Mello, 2012). E a norma culta passou a ser entendida como a norma utilizada por pessoas com ensino superior completo, os tais falantes cultos que mencionei nas frases anteriores.

Graças a iniciativas como a do projeto NURC, hoje podemos contar com alternativas às gramáticas normativas da língua portuguesa. Apenas para mencionar alguns estudos gramaticais do português culto brasileiro, posso destacar trabalhos que têm se tornado obras de referência, como Perini (1995, 2002, 2010, 2016), Moura Neves (2000), Borba (2002), Azeredo (2008), Castilho (2010) e Bagno (2012) — além das gramáticas mais técnicas, voltadas para linguistas, como os vários volumes da *Gramática do português falado* ou da *Gramática do português culto falado no Brasil*, publicadas nas últimas décadas. Todos esses trabalhos descrevem de fato a norma culta do português brasileiro, entendida, então, como a língua falada (ou escrita, nos casos de Neves, 2000; e Borba, 2002) por pessoas cultas no Brasil. Nesse sentido, muitas pessoas falam o português correto. Ou seja, muitas pessoas (eu, inclusive) sabemos nos expressar, de maneira geral, seguindo as normas gramaticais do português culto contemporâneo brasileiro, que é diferente do que está prescrito na gramática (a *norma cultuada*, mais idealizada do que realista, mais lusitana do que brasileira, mais antiga do que contemporânea e mais prestigiada do que deveria).

Vejamos algumas diferenças, então, entre a norma culta brasileira e a norma prescrita em gramáticas normativas tradicionais. Provavelmente, a diferença que salta aos olhos de maneira mais chamativa diz respeito aos pronomes. Por exemplo, o quadro de pronomes pessoais que encontramos em uma gramática normativa tradicional costuma ser como este (que adaptei de Cegalla, 1996: 171):

		Pronomes pessoais retos	Pronomes pessoais oblíquos
Singular	1ª pessoa	eu	me, mim
	2ª pessoa	tu	te, ti
	3ª pessoa	ele, ela	lhe, o, a, se, si
Plural	1ª pessoa	nós	nos
	2ª pessoa	vós	vos
	3ª pessoa	eles, elas	lhes, os, as, se, si

Esse quadro pronominal simplesmente não reflete o que encontramos em português atualmente (e o título da gramática do Cegalla é *Novíssima gramática da língua portuguesa...*). Ele está incompleto ou impreciso, especialmente por causa de três fatores:

(i) apresenta pronomes que não encontramos mais em nosso vernáculo culto (como *vós* e *vos*);
(ii) nada diz sobre quais pronomes ainda são muito usados (*eu, ele, ela*), quais são pouco usados (*tu, nós, te*) e quais são raros ou raríssimos (*o, a, os, as, si*);
(iii) não traz pronomes há muito tempo já frequentes em português culto contemporâneo, tanto escrito quanto falado (*você* e *a gente*, por exemplo).

Monteiro (1994) apresenta um estudo detalhado dos pronomes falados por pessoas cultas, com base no *corpus* do NURC, e comprova os três pontos elencados acima. Ele mostra, por exemplo, que o pronome *vós* não aparece em nenhuma das entrevistas analisadas em seu trabalho; que o pronome *eu* é, de longe, o mais usado na posição de sujeito; que *tu* se restringe aos dados de Porto Alegre (nas demais capitais do projeto NURC, o pronome preferencial de 2ª pessoa do singular é *você*); que há uma disputa entre *a gente* e *nós* como a forma pronominal de 1ª pessoa do plural; que os pronomes oblíquos *o* e *a* são escassos e disputam espaço com o pronome reto (*ele, ela*) ou com um elemento vazio na retomada anafórica de objeto direto (ou seja, ao invés de usarmos a forma preconizada pelas gramáticas *Comprei um livro, mas não o li ainda*, dizemos frases como *Comprei um livro, mas não li ele ainda* ou *Comprei um livro, mas não li Ø ainda*) etc.

Por causa dessa discrepância entre o que preconiza a norma gramatical tradicional e o que acontece de fato na fala e na escrita de pessoas cultas, podemos encontrar na fala culta brasileira um quadro pronominal bem diferente do que aquele que Cegalla (1996) nos apresentou. A gramática de Perini (2010), por exemplo, traz o seguinte quadro pronominal (adaptado de Perini, 2010: 116):

		Pronomes pessoais retos	**Pronomes pessoais oblíquos**
Singular	1ª pessoa	eu	me, mim
	2ª pessoa	você (tu)	te (ti) (lhe)
	3ª pessoa	ele, ela	–
Plural	1ª pessoa	nós	nos
	2ª pessoa	vocês	–
	3ª pessoa	eles, elas	–

Esse quadro, especialmente nas formas retas, parece estar mais de acordo com a norma culta brasileira. A ausência de pronomes oblíquos mostra também uma tendência de o português brasileiro contemporâneo substituir essas formas pelas formas retas (cf. Duarte, 1989; Othero & Cardozo, 2017) — como em *Comprei um livro, mas não li ele ainda*, ou ainda *O João viu vocês ontem na festa* ao invés de *O João vos viu ontem na festa* (esse último exemplo me parece impensável como representante da norma culta brasileira).

Ainda no universo dos pronomes, outra regra prescritiva que não encontra mais respaldo entre os falantes cultos do português diz respeito à colocação pronominal. Regras como a da ênclise (um pronome oblíquo deve aparecer *depois* do verbo principal, como em *Amo-te*) e da mesóclise (com verbos no futuro, um pronome oblíquo deve aparecer "no meio" de um verbo principal, como em *Amar-te-ei*) já não refletem os dados do português brasileiro desde, pelo menos, o século XIX (cf. Pagotto, 1993; Nunes, 1996). E a queixa de que a gramática ainda traz regras de colocação pronominal obsoletas, ao invés de se ocupar da descrição real da colocação pronominal em português brasileiro, também é antiga. Ela aparece, por exemplo, no poema *Pronominais*, de Oswald de

Andrade, publicado no jornal *Correio da Manhã*, em março de 1924:

> *Dê-me um cigarro*
> *Diz a gramática*
> *Do professor e do aluno*
> *E do mulato sabido*
> *Mas o bom negro e o bom branco*
> *Da Nação Brasileira*
> *Dizem todos os dias*
> *Deixa disso camarada*
> *Me dá um cigarro.*

Ainda assim, passados mais de noventa anos da publicação do poema de Oswald, continuamos encontrando em gramáticas normativas contemporâneas que a posição de ênclise (*Dá-me um cigarro*) é a posição canônica do pronome oblíquo em português brasileiro. Veja, por exemplo, o que dizem Cunha & Cintra (2013: 323): "Sendo o pronome átono objeto direto ou indireto do verbo, a sua posição lógica, normal, é a ÊNCLISE". É como já disse Monteiro (1994: 182): "O caráter prescritivista, aliado à concepção de que o emprego dos clíticos deve nortear-se pelas abonações dos escritores e vernaculistas do passado, foi em linhas gerais o denominador comum desses estudos". Por outro lado, estudos baseados em análise de fala da norma culta (por exemplo, Rapp *et al.*, 1986; Monteiro, 1994) e em obras literárias brasileiras contemporâneas (Passos, 1973, por exemplo) já demonstraram que o percentual de ocorrências de colocação pronominal proclítica é superior a 85%.

Não à toa o mito tem seu fundo de verdade: ninguém consegue se expressar "corretamente" em português, se o correto for entender que a ênclise é a regra "lógica, normal" de colocação dos pronomes pessoais.

O que está por trás deste mito é a relação de poder que mencionei há algumas páginas. Ao se considerar a norma cultuada e idealizada da gramática normativa tradicional como a única norma verdadeira e correta, acabamos abrindo espaço para tachar pejorativamente aqueles que se desviam dessa norma. É como escreve Milroy (1998: 65): "Numa época em que a discriminação em termos de raça, cor, religião ou gênero não é publicamente aceitável, o último bastião da discriminação social velada vai continuar a ser o uso da linguagem de uma pessoa". No Brasil, temos diversos trabalhos que apontam como esse tipo de preconceito funciona e como desconstrui-lo (cf. Bagno, 1999, 2003; Scherre, 2005; Faraco, 2008; Oliveira, 2009; Lagares & Bagno, 2012). Por isso, temos de entender que falar "o português correto" não passa de uma questão de ponto de vista, ou recorte metodológico.

Para saber mais

Felizmente, dispomos de muitos trabalhos de qualidade que discutem o conceito de norma culta do português brasileiro, com propostas práticas de trabalho com dados do português culto falado no Brasil, inclusive. Entre a vasta bibliografia que encontramos, vou deixar aqui as sugestões que compuseram meu histórico de leituras no assunto e que, acredito, podem ser boas leituras tanto para o leigo interessado quanto para o aluno de graduação em Letras ou para o professor de língua portuguesa: Possenti (1996, 2009), Brito (1997), Bagno (1999, 2003, 2001, 2009), Luft (1999), Perini (1985, 1997), Alkmim & Camacho (2001), Faraco (2001, 2011), Leite & Callou (2002), Scherre (2005), Guedes (2006), Kenedy (2016).

MITO 4

A língua portuguesa é uma das mais difíceis do mundo

Por um lado, este mito está diretamente relacionado ao mito 3 ("Ninguém fala o português correto, certo?"). Ou seja, quando alguém diz que a língua portuguesa é uma das mais difíceis do mundo, pode estar se referindo ao fato de que as normas prescritas pela gramática tradicional da língua portuguesa são muito difíceis e complexas. Vimos isso em detalhes quando discutimos o mito 3 — até mesmo grandes escritores da língua portuguesa, como Machado de Assis e Luis Fernando Verissimo, confessaram que a disciplina escolar que envolve a gramática do português é complicada, como vimos.

Por outro lado, este mito também traz a ideia de que a língua, em si mesma, é uma das mais difíceis do mundo, quando comparada a outras línguas supostamente mais "fáceis" ou "simples" como o espanhol, o inglês ou as línguas indígenas. E há ainda, neste mito, uma ideia de que existem línguas fáceis, línguas difíceis, línguas rudimentares, línguas complexas etc.

Algumas páginas à frente, desconstruiremos o mito de que as línguas indígenas são línguas simples ou rudimentares (no mito 7, "A língua dos índios é muito rudimentar"). Veremos que as línguas indígenas são tão sofisticadas e complexas quanto qualquer outra língua natural. De quebra, desconstruiremos o mito de que existem línguas mais fáceis e línguas mais difíceis: todas as línguas são igualmente complexas em sua natureza. Ou seja, não há um grupo de línguas difíceis e línguas fáceis em si. O que acontece é que algumas línguas são mais "simples" do que outras em alguns aspectos específicos.

Por exemplo, alguém pode dizer que o português é uma língua muitíssimo mais difícil do que o espanhol, porque temos sons muito mais complicados do que em espanhol. Nós temos as vogais **é** e **ó** (representadas pelos símbolos fonéticos /ɛ/ e /ɔ/, respectivamente), que não existem em espanhol, além de vários sons nasais como nas palavras *irmão*, *irmã*, *mães*, *muito* etc. que também não constam no inventário fonológico do espanhol. É por isso que um falante de espanhol não consegue pronunciar a palavra *pãozinho* como nós conseguimos (a menos, evidentemente, que essa pessoa estude a língua portuguesa). De fato, o português parece mais complexo do que o espanhol neste quesito: inventário de sons.

Argumento semelhante pode ser usado quando alguém compara o português com o inglês. Um aprendiz de inglês pode chegar à conclusão de que o português é muitíssimo mais complicado do que o inglês, porque a morfologia verbal do inglês é muito mais enxuta do que a da nossa língua. Repare, por exemplo, como se conjuga o verbo *amar* em inglês e compare com o português (coloquei a conjugação representativa do meu dialeto porto-alegrense):

To love		Amar	
I	love	Eu	amo
You	love	Tu/você	ama
He/she/it	loves	Ele	ama
We	love	A gente	ama/
You	love	Nós	amamos
They	love	Vocês	amam
		Eles	amam

Repare como, em inglês, há apenas uma única modificação na flexão verbal: na 3ª pessoa do singular (*he/she/it*), o verbo é marcado pelo morfema -s. Nas demais pessoas, o verbo segue a forma infinitiva (*love*). Trata-se, realmente, de uma morfologia verbal simples. Em português, por outro lado, o verbo *amar* é flexionado em *amo*, *ama*, *amamos* e *amam* (deixei de fora o *tu amas* e o *vós amais*, por não serem representativos do português contemporâneo — ver discussão sobre os pronomes no capítulo anterior). Ou seja, a morfologia verbal do português é mais complexa, de fato, do que a do inglês. Isso fica ainda mais evidente quando conjugamos um verbo no passado. Veja abaixo:

To love		*Amar*	
I	loved	Eu	amei
You	loved	Tu/você	amou
He/she/it	loved	Ele	amou
We	loved	A gente	amou/
You	loved	Nós	amamos
They	loved	Vocês	amaram
		Eles	amaram

Aqui o português continua com as mesmas quatro flexões verbais de concordância (agora *amei*, *amou*, *amamos* e *amaram*), ao passo que o inglês apresenta uma única marca de flexão verbal: o morfema -*ed*.

Poderíamos resumir esses dados do inglês em uma única linha: *I/you/he/she/it/we/they loved*. De fato, o português é mais complicado do que o inglês quando o assunto é flexão e concordância verbal.

Entretanto, uma língua pode ser mais simples do que outra em determinado aspecto (como no quadro de vogais ou nas marcas de morfologia verbal) e, ao mesmo tempo, ser mais complexa em outros aspectos relativos ao seu funcionamento gramatical. Por exemplo, o português tem mais vogais do que o espanhol. Nós temos todas as vogais do espanhol e mais duas vogais tônicas, /ɛ/ e /ɔ/, como podemos ver nas figuras a seguir[1]:

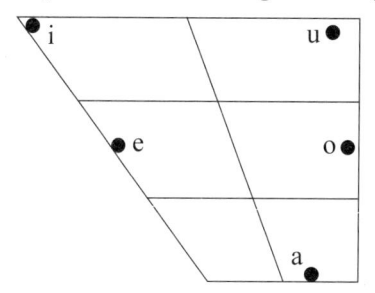

Figura 1: Quadro de vogais do espanhol.

---

[1] Retirei as figuras da Wikipédia (www.wikipedia.org). No quadro do português, aparece ainda uma vogal média que costuma não ser acentuada, representada pelo símbolo /ə/ e que recebe o nome de *schwa*. E não há nada ali no quadro sobre as vogais nasais ou nasalizadas que temos em português. Mais sobre as vogais do português e do espanhol pode ser visto em Monroy-Casas (1980), D'Introno *et al.* (1995), Cristófaro Silva (2002), Battisti (2014a), Massini-Cagliari *et al.* (2016).

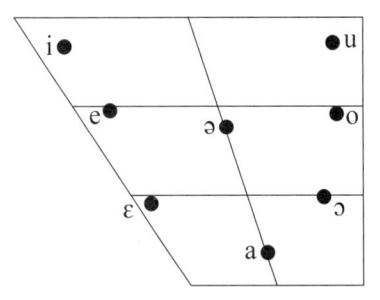

Figura 2: Quadro de vogais do português.

Essas figuras representam, grosseiramente, nossa boca. Imagine alguém de perfil, olhando para a esquerda da página. Imagine que esse alguém está de boca aberta. Quando produzimos um som vocálico (como *a*, *i*, *u* ou qualquer outra vogal representada nos quadros acima), nossa língua se posiciona mais à frente ou mais atrás dentro da boca. E também se posiciona mais acima ou mais embaixo. Por isso, podemos falar em vogais anteriores (produzidas com a língua um pouco mais à frente) e posteriores (produzidas com um recuo da língua) e também em vogais altas, médias e baixas (relativas à posição da língua dentro da boca, se mais baixa ou mais próxima ao céu da boca). Vogais como /i/ e /u/ são vogais altas, ao passo que /a/ é uma vogal baixa — é por isso que os médicos nos pedem para dizer "AAAAA…" quando querem examinar a nossa garganta; assim, abaixamos a língua e permitimos que eles enxerguem o fundo de nossa boca (veja como um exame de garganta seria impossível se disséssemos "UUUUU...." ou "iiiii....", com a língua em posição mais alta). Vogais como /i/ e /e/ são anteriores (a língua fica mais à frente da boca quando as produzimos); vogais como /u/ e /o/ são posteriores (a língua fica mais recuada) — faça o teste e produza essas vogais, tentando prestar atenção à posição da língua e aos movimentos que a língua faz quando passa da produção de uma vogal à outra (repare também que algumas vogais nos obrigam a arredondar os lábios, como /u/ e /o/, enquanto outras não, como /e/ e /a/).

Se, por um lado, o espanhol é "mais simples" do que o português quando o assunto é o número de vogais — como percebemos pelas figuras 1 e 2 —, o oposto é verdadeiro quando levamos em consideração a morfologia verbal. Como vimos quando conjugamos o verbo "amar", temos em português quatro flexões verbais (*amo, ama, amamos* e *amam*). Em espanhol, ao contrário, o verbo costuma apresentar um morfema de flexão diferente para cada pronome pessoal, como vemos abaixo:

Yo	amo
Tú	amas
Él	ama
Nosotros	amamos
Vosotros	amáis
Ellos	aman

Obviamente, esta é uma simplificação que não comporta as variações regionais do espanhol, mas representa o espanhol culto falado, de todo modo (cf. Real Academia Española, 2009). Repare que, se o espanhol é mais "simples" no quesito *inventário fonológico de vogais*, é mais "complexo" no quesito *morfologia verbal*. Ou seja, não podemos concluir que o português seja uma língua mais difícil ou complexa do que o espanhol, porque isso simplesmente não é verdade.

Já com a comparação com o inglês, encontramos algo semelhante. Vimos que a morfologia de flexão verbal do inglês é realmente muitíssimo mais simples do que a do português — e do que a do espanhol também, agora sabemos. Entretanto, o quadro de vogais do inglês conta com um número muito maior de vogais do que o quadro que temos em português. Então, se por um lado o inglês é mais simples na morfologia verbal, por outro é muito mais complexo no seu inventário fonológico de vogais. Veja as vogais do inglês, sistematizadas na figura 3[2].

Não podemos, por isso, decretar que o português seja uma das línguas mais difíceis do mundo. O que deve ficar claro é que não há *a* língua mais difícil do

---

[2] Também extraí esse quadro da Wikipédia. Para saber mais sobre as vogais em inglês, cf. Roach (2000, 2001) e Ladefoged & Disner (2012).

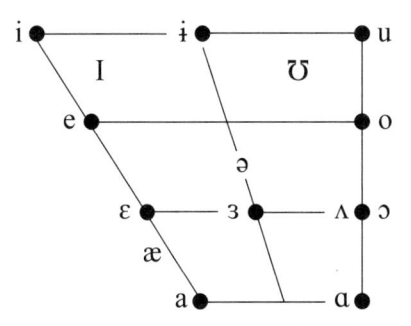

Figura 3: Quadro de vogais do inglês.

mundo. Na verdade, não há sequer uma língua que possa ser considerada mais difícil do que outra. Todas elas são igualmente complexas — algumas, como vimos, podem ser mais simples do que o português em alguns quesitos (como o inglês é mais simples do que o português na morfologia verbal), mas são mais complexas em outros (como no quadro de vogais acima). Como discutiremos com detalhe no capítulo destinado ao mito 7, as gramáticas das línguas são extremamente complexas e — do meu ponto de vista — representam objetos de pesquisa fascinantes. Além do mais, não há critérios claros e objetivos para caracterizar a simplicidade ou a complexidade de uma língua. Por exemplo, em português, alguns adjetivos podem figurar à esquerda do nome que modificam ou à sua direita, como vemos nos exemplos abaixo:

(1) O *novo* carro de Ana é muito rápido.
(2) O carro *novo* de Ana é muito rápido.

Em inglês, ao contrário, o adjetivo só pode figurar em posição pré-nominal [na verdade, há alguns casos em que encontramos adjetivos pós-nominais em inglês, como no caso de construções predicativas, como em *The people present said 'yes'*, "As pessoas (que estavam) presentes disseram 'sim'", cf. Leech & Svartvik, 2013]. De qualquer maneira as frases (1) e (2) acima devem ser traduzidas da mesma forma para o inglês: *Ana's new car is very fast*, em que o adjetivo 'novo' (*new*) só pode aparecer antes do substantivo que modifica, 'carro' (*car*). A sequência **Ana's car new is very fast*, com o adjetivo *new* em posição pós-nominal, não representa uma frase bem formada em inglês. Qual das duas línguas, então, pode ser considerada mais simples nesse quesito (colocação do adjetivo)? Uma língua que permite adjetivos antes e depois do nome ou uma língua que aceita apenas uma posição?

Se pensarmos que o inglês é mais simples por aceitar uma única posição fixa do adjetivo com relação ao substantivo, logo veremos que a coisa se complica quando temos mais de um adjetivo. Por exemplo, como traduzir a frase (3) para o inglês?

(3) O *novo* carro *vermelho* de Ana é muito rápido.

Aqui temos um problema, porque há dois adjetivos modificando o substantivo "carro": "novo" e "vermelho". Na frase em português, um dos adjetivos aparece em posição pré-nominal enquanto o outro aparece em posição pós-nominal. Em inglês, contudo, ambos devem aparecer em posição pré-nominal, mas não em qualquer ordem. Afinal, (4) é uma frase bem formada em inglês, ao passo que (5) não o é:

(4) Ana's new red car is very fast.
(5) *Ana's red new car is very fast.

Em (4), temos a sequência *new red car* (novo carro vermelho), bem formada em inglês; em (5) temos uma sequência malformada, *red new car* (vermelho novo carro). Ou seja, em inglês, temos de colocar os adjetivos em posição pré-nominal, mas eles devem necessariamente seguir uma ordem própria de colocação (cf. Bache, 1978; Kotowski, 2016). Os adjetivos não podem ser acrescentados de maneira aleatória em inglês (e em português tampouco; veja como a sequência em (5) também é malformada em português: *o vermelho novo carro da Ana*). Isso demonstra que não é fácil apontar se determinado fenômeno gramatical em uma língua é mais simples ou mais complexo do que em outra. Acontece que há fenômenos com complexidades diferentes — sobre a ordem dos adjetivos em português, cf. Menuzzi (1992), Perini (1996) e Moreira (2015).

Talvez a única língua que possamos afirmar, com alguma certeza, seja mais simples do que o português (e mais simples do que qualquer outra língua natural, na verdade) é uma língua que seja, justamente, não natural. Ou seja, uma língua artificial que tenha sido criada por algum linguista ou por um interessado em línguas, tal como o esperanto, o klingon (a língua criada para a série *Jornada nas Estrelas*), o dothraki (a língua da série *Game of Thrones*) ou alguma língua élfica criada pelo escritor J. R. R. Tolkien.

O esperanto, por exemplo, é provavelmente a língua artificial que tem o maior número de falantes. Essa língua foi criada pelo médico e estudioso polonês Ludwig L. Zamenhof no final do século XIX, e é baseada em diversas línguas europeias. Em 1887, após "concluir" sua nova língua, o Dr. Ludwig Zamenhof publicou um livro chamado "Lingvo Internacia" e usou o pseudônimo Dr. Esperanto. O novo idioma atraiu a atenção de diversos estudiosos e logo se consolidou com o nome do pseudônimo de seu criador, Esperanto (que significa "aquele que espera", nessa língua). A pretensão com o esperanto foi, desde o início, que se tornasse uma língua universal — não substituindo as línguas naturais e oficiais de cada povo ou nação, mas sendo uma segunda língua universal, que pudesse ser utilizada e compreendida por todos. A ideia era tornar o esperanto uma língua de prestígio nos meios acadêmicos e científicos; uma língua internacional que todos conseguissem utilizar em conferências e encontros internacionais, por exemplo. Por isso, suas regras gramaticais buscam simplicidade e lógica e são relativamente fáceis para qualquer falante de línguas oriundas do ramo indo-europeu (como o português, o inglês o espanhol). Seu sistema de sons é, de certa maneira, facilitado para quem já fala alguma língua indo-europeia, contando com cinco vogais e 23 consoantes. Sua morfologia e sintaxe são bastante regulares e tendem a neutralizar qualquer idiossincrasia (não há nenhum verbo irregular em esperanto, tal como em português os verbos *ser* ou *fazer*, por exemplo), cf. Gledhill (1998).

Por isso — podemos afirmar, com alguma segurança —, o esperanto é uma língua mais fácil do que uma língua natural qualquer, como o português, o espanhol ou o inglês. Ainda assim, cabe aqui uma ressalva: o esperanto foi criado tendo como base algumas línguas europeias e, por isso, pode ser considerado uma língua fácil para quem já domina uma dessas línguas. Para um falante de chinês, árabe ou nheengatu, contudo, o esperanto pode apresentar dificuldades (ainda que não as mesmas dificuldades de uma língua natural). Isso porque costumamos julgar o grau de dificuldade de uma língua também por comparação à nossa própria língua. Por exemplo, possivelmente diremos que o mandarim deve ser uma língua mais difícil do que o espanhol ou o italiano. Mas isso só acontece porque, para um falante nativo do português, provavelmente aprender mandarim deve ser mais difícil do que aprender italiano ou espanhol. Afinal, o mandarim não tem nenhum grau de parentesco com o português (o mandarim é uma língua sino-tibetana; o português, uma língua românica) e suas diferenças vão desde seu sistema fonológico (o mandarim é uma língua tonal) até seu sistema de escrita (o mandarim usa dois tipos de "alfabeto", bem distintos do alfabeto de base greco-latina que nós usamos), passando por sua morfologia e sintaxe. Nesse sentido, julgamos que uma língua seja complexa ou difícil em comparação com a nossa própria língua. E, de fato, podemos ter mais facilidade para aprender uma língua mais próxima à nossa (cf. Odlin, 1989).

Em resumo, a moral da história da desconstrução deste mito é a seguinte: em se tratando de línguas naturais, não há como estabelecer que uma seja mais complexa do que a outra. Portanto, não há um grupo de "línguas mais difíceis do mundo" (nem um grupo das línguas mais fáceis). Por consequência, a língua portuguesa não pode ser considerada uma das línguas mais difíceis do mundo. O português é uma língua natural com um sistema gramatical sofisticado e intrigante para qualquer um que deseje encarar o desafio de desvendar sua gramática — ou a gramática de qualquer outra língua natural.

Para saber mais

Outras leituras que abordam este mito — ou algum de seus desdobramentos — são as seguintes: Sapir (1929), Luft (1985), Possenti (1996), Harlow (1998), Andersson (1998), Bagno (1999, 2001, 2009), McWhorter (2001), Perini (2004), Deutscher (2014), Kenedy (2016).

MITO 5

A ortografia do português é cheia de exceções

Todos nós temos algumas questões mal resolvidas com a ortografia, imagino. Eu mesmo sempre tenho de pensar duas vezes antes de escrever as palavras "extensão" e "estender". Tenho de lembrar que, no substantivo, usamos a letra "x" e, no verbo, a letra "s". Ambas as letras representam exatamente o mesmíssimo som nessas palavras, o som [s]. Também tenho certa dificuldade com a palavra "licença" (já me peguei tentando escrever "licensa", com "s"). Novamente, nesse caso, tanto "ç" como "s" representam o mesmo som, [s]. Daí por que faço confusão, provavelmente. De maneira geral, creio que todos já tiveram dúvidas com relação à grafia de uma ou outra palavra. E isso acontece, em parte, porque a ortografia do português é realmente cheia de exceções. Ou melhor, nosso sistema ortográfico segue diferentes tipos de princípios, o que acaba gerando algumas contradições (como escrever "extensão" com "x", mas "estender" com "s").

Para começar a discutir um sistema ortográfico qualquer, precisamos primeiramente entender que a escrita é muito recente em relação à fala. A escrita é uma tecnologia, uma invenção humana criada diversas vezes, em diferentes lugares, por povos diversos e em diferentes momentos da história. Sem considerar os registros pictóricos e as pinturas rupestres, talvez possamos ligar a origem mais direta da nossa escrita aos primeiros registros da chamada escrita cuneiforme, desenvolvida pelos sumérios há cerca de 5.000 anos. A fala, ao contrário, é natural para o ser humano e é muito mais antiga do que a escrita, tendo aparecido na nossa história provavelmente há mais de 50.000 anos (cf. Cavalli-Sforza, 2000; Franchetto & Leite, 2004).

Nossa escrita alfabética, tal como a conhecemos hoje (com as letras de A a Z) e que utilizamos em língua portuguesa, é ainda muito mais recente. Ela é baseada numa versão moderna do alfabeto latino, que teve origem num alfabeto utilizado pelos romanos desde o século VII a.C. Esse alfabeto, por sua vez, derivou do alfabeto etrusco, que veio de uma adaptação do alfabeto grego, que (não perca a conta) foi derivado do alfabeto fenício (cf. Cagliari, 2000; Higounet, 2003). O fato é que a escrita não é natural à espécie humana; é, ao contrário, uma invenção recente na nossa história, que inclusive não está presente em todas as comunidades humanas. Estima-se que hoje sejam faladas entre 5.000 e 6.000 línguas no mundo. Apenas cerca de duzentas delas têm uma cultura letrada, com sistema ortográfico e literatura escrita (cf. Lyons, 1981; Marcuschi, 2001; McWhorter, 2008).

A escrita é, de certa forma, um sistema de representação da fala. Como disse Cagliari (2006: 1): "Todos os criadores de sistemas de escrita tiveram que buscar na observação da fala as diretrizes para a formação dos sistemas de escrita". Ou seja, usamos a escrita para representar graficamente os sons que expressamos oralmente quando falamos. E essa representação nem sempre é simples e direta. E é aí que começam a aparecer as primeiras dificuldades. Por exemplo, um mecanismo morfológico muito produtivo em português é a formação de plural de um substantivo ou de um adjetivo com o acréscimo do morfema -s: *menino* — *meninos*, *livro* — *livros*, *bonito* — *bonitos*, *inteligente* — *inteligentes* etc. Entretanto, esse morfema pode ser pronunciado como [s] ou como [z], a depender do tipo de som que ele estiver antecedendo. Repare como pronunciamos [z] em *olho<u>s</u> <u>verdes</u>* e *olho<u>s</u> <u>azuis</u>*, mas dizemos [s] em *olho<u>s</u> <u>castanhos</u>* ou simplesmente em *olho<u>s</u>*. Isso acontece porque há uma *assimilação de vozeamento*. Ou seja, quando o morfema -s antecede um som que chamamos de *vozeado* (um som em cuja produção há vibração de nossas cordas vocais), ele também se torna vozeado (*i.e.* também vibramos nossas cordas vocais para produzir esse -s, que acaba sendo pronunciado como [z] — leia em voz alta *olho[z]verdes, olho[z]azuis*). Caso o morfema -s não anteceda um som vozeado (um som em que há vibração das cordas vocais, agora sabemos), ele será então pronunciado como [s] (leia em voz alta *olho[s] castanho[s]*). Não podemos registrar esse fenômeno na escrita (algo como "A Ana tem *olhoz* verdes e o João, *olhos* castanhos"). Em primeiro lugar, porque esse não é um conhecimento explícito que as pessoas têm de sua língua (não é todo mundo que conhece a distinção entre sons vozeados e desvozeados). Em segundo lugar, a escrita estaria perdendo uma generalização, qual seja: marcamos com a letra "s" o morfema de plural em português, que, na fala, ora é realizado como [s] ora é realizado como [z], a depender do vozeamento do som da palavra seguinte.

Além dessa decisão que um sistema ortográfico deve enfrentar, pensemos em mais um problema: se estamos tentando representar graficamente os sons da fala, é necessário estabelecer *qual* fala será representada. Por exemplo: encontramos diferentes maneiras de pronunciar as palavras "porta" e "poste" aqui no Brasil. Se você for falante do dialeto carioca, terá uma pronúncia diferente da de um falante do dialeto gaúcho, que terá uma pronúncia diferente da de um falante do dialeto mineiro, que terá a pronúncia diferente da de um falante cearense. Ou seja: a língua apresenta variação regional, é o que nós linguistas chamamos de *variação diatópica*. Essa propriedade de variação diatópica é inerente à língua, é algo que encontramos em todas as línguas já estudadas. Um primeiro desafio a um sistema de escrita é, então, responder à questão de *como registrar a variação diatópica na ortografia*. Ou seja: como vou representar na escrita uma palavra que recebe diferentes pronúncias em diferentes lugares?

Uma solução encontrada pelos sistemas de escrita — pelo nosso, inclusive — é representar, na escrita, a pronúncia de uma única localidade e tomá-la como "padrão". Isso aconteceu no estabelecimento do sistema ortográfico de diversas línguas europeias, como o inglês (cf. Carney, 1998), o italiano (cf. Serianni & Trifone, 1994), o espanhol (cf. Real Academia Española, 2010), o francês (cf. Cazal & Parussa, 2015) e também o português.

Além de a língua variar diatopicamente, nós mesmos podemos apresentar variações individuais na pronúncia de certas palavras. Por exemplo, às vezes (raramente, na verdade) eu pronuncio [o] no final da palavra "livro" (algo próximo à escrita, livr[o]); pronuncio no mais das vezes [u] (livr[u]). O mesmo vale para palavras com a letra "e" em sílaba átona final: às vezes eu falo algo como "uniform[e]", mas em geral falo algo como "uniform[i]". Com ditongos, acontece fenômeno semelhante: ora digo "mant[ej]ga", "p[ej]xe", "b[ej]jo"; ora me saem monotongos: "mant[e]ga", "p[e]xe", "b[e]jo". Como registrar isso na escrita? Qual será a escrita "correta"? Como lidar com a variação linguística? Responder a esse tipo de questão é um dos desafios de nosso sistema ortográfico — na verdade, é um desafio para *qualquer* sistema ortográfico.

Outra questão que também deve ser analisada quando consideramos os sistemas de escrita é o fenômeno de mudança linguística através do tempo, o que chamamos de *mudança diacrônica*. Sabemos que a pronúncia das palavras muda com o passar do tempo. Em Porto Alegre, por exemplo, os mais velhos ainda diferenciam as palavras "calda" de "cauda" e "mal" de "mau" em sua fala. Enquanto "calda" e "mal" são pronunciadas com um [l] mesmo (ca[l]da e ma[l]), "cauda" e "mau" são pronunciadas com o ditongo "au", tal como a ortografia registra (cf. Tasca, 1999; Collischonn, 2014). Entretanto, para os falantes mais jovens, não há qualquer distinção entre as pronúncias de "calda" e "cauda" e "mal" e "mau". Os mais jovens pronunciam essas palavras com um ditongo "au", transformando o [l] na semivogal que representamos pelo símbolo [w], "c[aw]da", "m[aw]". Como representar essa mudança no sistema de escrita? A fala muda muito mais rapidamente do que a ortografia consegue acompanhar. E é por isso, também, que encontramos tantas inconsistências em nosso sistema ortográfico. As reformas e acordos ortográficos, em certa medida, tentam acompanhar essa mudança diacrônica. Daí por que não grafamos mais "contacto" ou "óptimo", por exemplo. Ainda assim, encontramos diversas irregularidades e dificuldades relacionadas à nossa ortografia. Vejamos isso mais de perto.

As irregularidades em nossa ortografia também vêm do fato de que o sistema alfabético que utilizamos não foi criado para representar os sons da língua portuguesa. Como vimos, nosso sistema alfabético remonta ao alfabeto desenvolvido pelos fenícios — que foi mais tarde modificado pelos gregos e depois pelos romanos. Por isso ele não reflete de maneira biunívoca as relações entre som e letra — ou seja, não há uma relação de um para um entre som e grafema. Por vezes uma letra pode representar mais de um som (pense na letra "s", que à vezes representa o som de [z] como em "casamento" e às vezes representa o som de [s] como em "sabedoria") ao passo que um som, por sua vez, pode ser representado por mais de uma letra (o som que representamos pelo símbolo fonético [ʃ] pode aparecer representado graficamente pela letra "x", como em "xícara", pelo dígrafo "ch", como em "churrasco", ou pelo dígrafo "sh", como em "*shopping*").

Por essas razões, encontramos dificuldades para grafar determinadas palavras, e a aprendizagem do sistema ortográfico costuma levar anos de estudo e de prática. Faraco (2003) traz uma rica sistematização da relação entre as letras do nosso alfabeto e sua capacidade de representar os sons consonantais e vocálicos do português. Vou pegar emprestados dele alguns trechos. A ideia básica aqui é: por não haver uma relação biunívoca entre a unidade sonora e a unidade gráfica, nosso sistema alfabético permite que um segmento sonoro seja representado graficamente de diferentes maneiras. Veja, por exemplo, todas as possibilidades que temos para representar graficamente o som [s] em português:

c: **c**eleste
ç: co**ç**ar
s: **s**ócio
x: má**x**imo
ss: ma**ss**a
sc: na**sc**er
xc: e**xc**elente
sç: na**sç**a
xs: e**xs**uar

E o som [k]:

c: **c**arro
q: **q**uando
qu: **qu**em

Na verdade, temos poucas letras que mantenham uma relação biunívoca com as unidades sonoras em português. Faraco (2003: 17) nos apresenta a seguinte relação de letras que representam sons consonantais do português de maneira biunívoca:

Unidades sonoras	Letras	Exemplos
[p]	p	**p**ato
[b]	b	**b**ato
[f]	f	**f**aca
[v]	v	**v**aca
[ñ]	nh	**nh**oque
[ʎ]	lh	**lh**ama
[t]	t	**t**eto
[d]	d	**d**ado

Ainda assim, essa relação não está isenta de exceções, como o próprio Faraco reconhece. Em meu dialeto porto-alegrense, por exemplo, pronunciamos as letras "t" e "d" de forma *palatalizada* quando elas estão na frente da vogal [i]. Ou seja, não dizemos "titia", com [t] de "teto", mas com um som representado pelo símbolo fonético [tʃ] (algo como o som inicial em "tchê" ou "tchutchuca"). Da mesma forma, não dizemos "dia" com [d] de "dado", mas com uma consoante representada pelo símbolo [dz], também de forma palatalizada (como a consoante inicial dos nomes *Johnny* ou *John*, em inglês). Isso quer dizer que as letras "t" e "d" também representam graficamente mais do que um único som da língua.

Além dessas dificuldades para representar os sons da língua tal como falada contemporaneamente, a escrita tem um caráter histórico e é muito menos suscetível a mudanças do que a fala. Por isso grafamos "seção", "sessão" e "cessão" de maneira tão diferente. As três palavras são pronunciadas exatamente da mesma forma. E as três vêm do latim. Entretanto, a primeira vem de *sectionis* (que significa "corte"), a segunda de *sessionis* (que significa "ato de sentar-se, assento") e a terceira vem da palavra latina *cessionis* (que significa "ação de ceder, transferência"). Ou seja, às vezes parece que precisamos saber a origem etimológica das palavras para descobrir como e por que devemos grafá-las assim ou assado — e isso não é tarefa simples. Às vezes nem a origem das palavras elucida sua grafia. Aquelas duas palavras que me trazem dificuldade de ortografia têm justamente esse problema: tanto "extensão" quanto "estender" têm a mesma origem latina. Entretanto, "estender" chegou ao português pelo latim vulgar, e as palavras do latim vulgar que tinham a letra "x" antes de consoante acabaram passando para o português com um "s". Por outro lado, "extensão" passou a fazer parte do vocabulário da língua portuguesa apenas no século XVIII, vindo diretamente de textos do latim clássico; por isso, sua grafia foi mantida mais fiel à grafia original, ou seja, com a letra "x". Percebe o nível de "sofisticação" do sistema ortográfico brasileiro?

Nossa ortografia é complicada por ter em sua lógica de funcionamento mais de um critério. Há o *critério etimológico* de representar a grafia "original" das palavras (como "extensão" ou "fondue", por exemplo) e também um critério muitas vezes antagônico, o *critério fonético*, que privilegia a representação mais fiel aos sons da fala (como "estender" ou "xampu", por exemplo). É por causa desse conflito entre os dois critérios que ficamos na dúvida na grafia de certas palavras. Se "extensão" e "fondue" seguissem o critério fonético, possivelmente escreveríamos essas palavras como "estensão" e "fondi"; por outro lado, se "estender" e "xampu" seguissem o critério etimológico, possivelmente estaríamos escrevendo "extender" e "shampoo". Não está claro quando devemos seguir um critério ou o outro.

E o problema ainda se intensifica porque nenhum desses dois critérios que guiam nossa ortografia (o critério etimológico e o fonético) é livre de exceções. Vimos acima que o critério fonológico enfrenta uma série de dificuldades na tentativa de representação gráfica da fala, devido a questões de variação e mudança na pronúncia de palavras da língua. As reformas ortográficas, de certa maneira, tentam acompanhar as mudanças na pronúncia. Entretanto, às vezes certas medidas vão contra princípios fonéticos que guiam a escrita das palavras. Um exemplo recente foi a queda do sinal de trema em palavras como "aguentar" ou "linguística". Essa alteração tornou a ortografia da língua portuguesa ainda mais irregular. Confesso que gostei da queda do trema, pois ficou mais rápido e "econômico" escrever sem ele. Entretanto, usar o sinal de trema fazia sentido e essa alteração possivelmente trouxe dificuldades para a aprendizagem da escrita (veja, por exemplo, que quanto mais cheio de irregularidades for o sistema ortográfico de uma língua, mais dificuldades de escrita e leitura serão encontradas pelas crianças nos primeiros anos de alfabetização, cf. Seymour *et al.*, 2003). O trema indicava que a letra "u" deveria ser pronunciada quando tínhamos "qu" ou "gu" seguidos de "e" ou "i". Fazia sentido, portanto, que "guerra" não tivesse trema, mas "agüentar" tivesse, ou que "enguiçar" fosse escrito com "gui", mas "linguística" com "güi". O trema indicava, sem exceções (salvo melhor juízo), quando aquele "u" deveria ou não ser pronunciado. Como disse Perini (2009), nesse último acordo ortográfico, as mudanças "mais incômodas são, a meu ver, a supressão do trema e a do acento em *heróico* e *idéia*; ambas as modificações aumentam a distância entre a pronúncia e a grafia".

Mutatis mutandis, os problemas também acontecem com as palavras registradas com base no critério etimológico. Vimos já os exemplos das palavras "extensão" e "estender", que, apesar da mesma origem etimológica, não seguem a mesma lógica ortográfica (a primeira é escrita com "x", ao passo que a segunda com "s"). Além disso, há diversas outras "recomendações" etimológicas recheadas de exceções. Por exemplo, as letras "g" e "j" podem representar o mesmo som quando aparecem antes das vogais "i" e "e", como em "girafa" e "jiboia" ou "gelo" e "jeito". Há uma recomendação etimológica para que as palavras vindas do árabe sejam grafadas com "g" nesses casos, ao passo que as palavras oriundas de línguas indígenas e africanas sejam grafadas com "j". Por isso, temos "girafa", "álgebra" e "Argélia", mas "jiboia", "Jericoaquara" e "pajé", por exemplo. Contudo, há exceções e, por isso, encontramos palavras árabes grafadas com "j" ("alforje", "manjericão" e "laranjeira", por exemplo) e palavras de origem ameríndia escritas com "g" ("Bagé", "Mogi das Cruzes" e "Sergipe", por exemplo).

Outra inconsistência em nossa ortografia são as palavras que se iniciam pela letra "h", como "hospital", "habilidade" ou "hiato". Essas palavras são grafadas com "h" mesmo que não exista aí nenhuma motivação fonética (afinal, a letra "h" não é pronunciada nem influencia a pronúncia da vogal seguinte). A justificativa de sua existência nesses contextos é meramente etimológica; como essas palavras têm origem em palavras latinas grafadas com "h", mantemos o "h" também em português. Entretanto, essa recomendação não é 100% consistente. Há várias outras palavras que também tinham a letra "h" em sua origem, mas que hoje em dia são escritas sem o "h" inicial, como "umidade", "inverno" e "erva". Essas palavras, em latim, eram grafadas com "h", que aparece hoje em dia em palavras da mesma família etimológica, como "húmus", "hibernar" e "herbívoro". Ou seja: em alguns casos, mantém-se a ortografia etimológica, em outros, mantém-se a ortografia mais foneticamente transparente. Daí por que podemos dizer que a ortografia do português é "cheia de exceções".

Na verdade, para sermos justos, o sistema ortográfico do português não é o único com falhas e inconsistências. Qualquer aprendiz de francês percebe imediatamente que a ortografia francesa é extremamente complicada, por não ter uma relação transparente com a pronúncia das palavras. Em francês, por exemplo, a palavra para água é pronunciada como [o] (isso mesmo, "ô"); contudo, é escrita como *eau*. Por isso, o filósofo francês Jean-Paul Sartre disse certa vez: *"On parle dans sa propre langue, on écrit dans une langue étrangère"* [Falamos em nossa própria língua, mas escrevemos em uma língua estrangeira]. Em inglês, também encontramos um sistema ortográfico repleto de exceções e idiossincrasias. Por exemplo, a sequência de letras O — N — E pode receber diferentes pronúncias, como em *one* ('um'), *gone* (particípio passado do verbo "ir", *go*), *done* (particípio de "fazer", *do*) e *drone* ("zangão" ou "drone"). E há uma palavra inventada — atribuída muitas vezes ao escritor irlandês George Bernard Shaw — que mostra o quão idiossincrática a ortografia do inglês pode ser: a palavra *ghoti*. Como pronunciar *ghoti* em inglês? A resposta é que essa palavra tem a mesma pronúncia da palavra *fish* ('peixe'). A explicação é a seguinte: a sequência de letras *gh* em inglês pode ser pronunciada como [f], tal como em *enough* ('suficiente, bastante'), a letra *o* pode ser pronunciada como [i], tal como na palavra *women* ('mulheres'). Finalmente, a sequência *ti* pode ser pronunciada como [ʃ], tal como em *nation* ('nação'). Logo, temos que *ghoti* deve ser pronunciado como *fish*, ou seja [fiʃ]. Obviamente essa palavra não é uma palavra da língua inglesa; ela foi inventada de maneira jocosa apenas para mostrar as idiossincrasias e a falta da relação de isomorfia entre os sons e suas representações gráficas em inglês. Então, não é exclusividade nossa lidar com um sistema de escrita recheado de exceções e idiossincrasias.

Para saber mais

Para saber mais sobre sistemas de escrita, os desafios da alfabetização e sobre a história da escrita e do alfabeto, recomendo as seguintes leituras: Silva (1981), Kato (1987), Lemle (1987), Carney (1998), Abaurre (1999), Bagno (1999, 2012), Massini-Cagliari & Cagliari (1999), Cagliari (2000), Marcuschi (2001), Faraco (2003), Higounet (2003), Seymour *et al.* (2003), Britto (2005), Rogers (2005), Crystal (2006c), Pinho (2006), Andrade & Lessa de Oliveira (2007), Santos & Pacheco (2007), Morais (2013), Silva (2015), Perini & Fulgêncio (2016).

MITO 6

Todo mundo tem sotaque, menos eu

O sotaque de alguém está relacionado à maneira como essa pessoa pronuncia certas palavras ou produz suas frases (nesse caso, em termos de curva melódica e entonação). E o sotaque também está intimamente relacionado à origem geográfica e à classe social de cada um, já que adquirimos linguagem e padrões de pronúncia ao falarmos com nossos pares (amigos, familiares, vizinhos, colegas de estudo e trabalho) em certas regiões do bairro, da cidade, do estado, do país. Quando conversamos com alguém que não compartilha conosco nossa variedade linguística, logo percebemos que essa pessoa não pertence ao "nosso grupo". Percebemos isso seja porque ela produz vogais diferentes das vogais que produzimos em certas palavras (por exemplo, eu digo "fogão", mas há quem diga "fugão" e há quem diga "fógão", com [o] aberto), seja porque ela produz consoantes diferentes (como o [s] em "festa" pronunciado como [ʃ] em fe[ʃ]ta), ou seja porque a pessoa simplesmente fala de maneira "cantada" para os nossos ouvidos, *i.e.*, com uma entonação diferente da nossa. Costumamos detectar facilmente um "falante de fora", com um sotaque diferente do nosso.

O que é difícil, em contrapartida, é aceitar que — ao contrário do que diz este mito — *todos* têm sotaque, inclusive eu e você. Ou seja, todos temos marcas fonético-fonológicas que marcam nosso dialeto de origem, como a pronúncia de vogais ou consoantes de maneira específica (ver também mito 5: "A ortografia do português é cheia de exceções"), e também marcas prosódicas que identificam nosso sotaque, como a maneira com que pronunciamos nossas frases, por exemplo. É difícil percebermos que temos sotaque, porque quando estamos entre nossos pares não percebemos a maneira como produzimos nossas vogais e consoantes, já que falamos como eles; tampouco prestamos atenção no tipo de entonação que usamos quando fazemos perguntas, pedidos, declarações, ordens etc. Entre nossos pares, tudo soa natural. Contudo, quando estamos em outras localidades ou entre outros grupos, logo percebemos os sotaques dos outros — e, com alguma atenção, percebemos o nosso sotaque também. Por isso, quando falamos em sotaque, estamos lidando com uma questão de ponto de vista, acima de tudo. Ou seja, eu percebo o sotaque nos outros, mas não costumo percebê-lo em mim mesmo.

Há, contudo, algumas questões interessantes que fogem um pouco a essa linha geral de ponto de vista. Por exemplo, muitas pessoas têm a tendência de não perceber sotaque em apresentadores de telejornais nacionais (cf. Ramos 1997). Mais do que isso, essa fala "homogeneizada" de alguns apresentadores é, às vezes, percebida como sendo o próprio sotaque do telespectador (cf. Ramos, 1997). Os apresentadores, entretanto, têm também seus sotaques. E suas falas, até certo ponto "padronizadas" para a televisão, representam, ainda que de maneira sutil, o sotaque de alguma região. Como diz Esling (1998: 170),

> os padrões que apareceram na indústria de transmissão radiofônica e televisiva têm suas raízes em variedades linguísticas já existentes em grupos sociais

distintos e em suas instituições. Usar o sotaque de um grupo particular, nesse caso, é dar a esse sotaque um alcance mais abrangente do que ele talvez tivesse anteriormente, mas o sotaque em si mesmo não é "menos sotaque" do que outro qualquer, embora possa representar grupos e instituições com mais poder político e econômico do que grupos cujos membros têm outro sotaque.

O que Esling quer dizer é que os apresentadores têm o sotaque de uma determinada região, talvez de maneira não tão marcada, já que costuma haver "homogeneização" na fala de jornalistas que atuam em rede nacional (cf. Lopez & Dittrich, 2005; Medeiros, 2006; Tavares, 2014). E essa região é, provavelmente, uma região de prestígio no país. Ramos (1997) mostra justamente isso. A pesquisadora apresentou a seguinte frase a algumas pessoas entrevistadas em sua pesquisa: *A fala dos jornalistas do Jornal Nacional reflete a fala da minha região*. Os entrevistados deveriam ler essa frase e assinalar sua opinião em uma escala, em que poderiam colocar sua resposta entre os pontos "concordo" ou "discordo". Como entrevistou falantes de vários lugares do país (do Rio de Janeiro, de Minas Gerais, de Santa Catarina, do Rio Grande do Sul e da Paraíba), ela obtev respostas bem distintas. O que ficou claro:

Quanto mais próximos do sudeste, mais os falantes sentem ser sua fala semelhante à fala da mídia: RJ (45,9%), MG (34,4%), SC (17,5%), RS (11,9%) e PB (8%). Isto mostra que os falantes identificam a fala da mídia como ponto de referência (Ramos, 1997: 113).

Ou seja, mesmo que alguns não percebam o sotaque dos apresentadores de telejornais nacionais (como no caso estudado por Ramos com o Jornal Nacional), os cariocas percebem que a fala dos apresentadores do Jornal Nacional é próxima da sua. E isso nos leva a uma segunda questão envolvendo os sotaques: a atitude que temos diante do sotaque do próximo.

Já desconstruímos este mito logo na primeira página: *todos* têm sotaque, sem exceção. Isso quer dizer que todos carregamos marcas linguísticas específicas que mostram de onde viemos e a que grupos pertencemos. Há sotaques brasileiros em que as vogais pretônicas são abertas, como em Recife ou Salvador, por exemplo. Nessas cidades, é comum ouvirmos as seguintes pronúncias (os símbolos [ɛ] e [ɔ] representam as vogais "é" e "ó", respectivamente):

- P[ɛ]lé
- m[ɛ]lhor
- b[ɔ]lota

Em outros lugares, como Curitiba e Belo Horizonte, essas mesmas vogais são fechadas (cf. Leite & Callou, 2002):

- P[e]lé
- m[e]lhor
- b[o]lota

Da mesma forma, percebemos variações na pronúncia de consoantes, que marcam determinados dialetos. Há regiões em que a pronúncia de um "r" em posição final de sílaba (como em "porta", "Carlos" ou "ar") soa como o "r" do inglês norte-americano (em *car*, *door* ou *soccer*). É o chamado "r retroflexo", que caracteriza, por exemplo, cidades do interior de Minas Gerais e São Paulo (e mesmo as capitais desses estados). Em outras regiões, "porta", "Carlos" e "ar" são pronunciadas com um "r aspirado", representado pelo símbolo fonético [h]: "po[h]ta", "Ca[h]los" e "a[h]". É o que ouvimos nos dialetos de Recife e do Rio de Janeiro, por exemplo. Há ainda regiões que pronunciam essas palavras ("porta", "Carlos", "ar") com um "r" chamado de *tepe*, em que a ponta da nossa língua encosta nos alvéolos (a parte logo atrás de nossos dentes superiores, bem à frente no céu da boca), tal como na pronúncia de um "r" intervocálico, como em "a**r**a**r**a" ou "ba**r**ato"; é assim em São Paulo e

Porto Alegre, por exemplo (cf. Brescancini & Monaretto, 2008; Leite, 2010; Callou *et al.*, 2013; Mendes, 2013; Monaretto, 2014).

Apesar de estarem intimamente ligadas a questões de localidade geográfica, essas pequenas variações que marcam nosso sotaque não se restringem à nossa identidade regional. Também carregamos marcas linguísticas de nosso *estrato social* e *nossa faixa etária* em nosso sotaque. Mesmo em uma única cidade há falares diferentes entre os "nativos", dependendo de fatores sociais ligados à escolarização, *status* social ou idade de cada falante. E é aí que entra um tema bem interessante: a atitude linguística que temos diante de um dialeto ou outro. Por exemplo, podemos fazer parte de uma classe social X, mas querer pertencer a uma classe social Y. Isso pode influenciar a maneira como falamos. Com o intuito de pertencer à classe social Y, podemos começar a falar como as pessoas que pertencem a essa classe. E isso acontece, via de regra, de maneira inconsciente (cf. Esling, 1998; Labov, 2006[1966]).

O pesquisador pioneiro nos estudos de sociolinguística, o professor e linguista norte-americano William Labov, publicou em 1966 um estudo em que investigou a pronúncia do "r" em final de sílaba na cidade de Nova Yorque. A ideia por trás da pesquisa era de que pronunciar ou apagar o "r" em final de sílaba era um fator distintivo de prestígio ou estigma entre os nova-iorquinos. A pronúncia do "r" estava associada a um dialeto de prestígio, ao passo que o apagamento do "r" em fim de sílaba estava associado a um dialeto de menor prestígio entre os falantes. Labov decidiu investigar a fala de atendentes de três grandes lojas de departamento da cidade: uma loja voltada para o público de classe alta (Saks Fifth Avenue), outra voltada para o público de classe média (Macy's) e uma terceira que atendia um público de classe social mais baixa (S. Klein). A ideia era ir até essas lojas e perguntar algo aos atendentes que os levasse a responder *fourth floor*, "quarto andar". Por exemplo, o pesquisador chega na loja e pergunta "Por favor, onde ficam os calçados femininos?", sabendo que a seção de calçados femininos fica no quarto andar. O atendente deverá, então, responder *Fourth floor*, pronunciando ou não o "r" final. Para obter mais dados, o pesquisador ainda perguntava "Como?", forçando que o atendente repetisse sua resposta de maneira mais enfática: *Fourth floor*!

A ideia básica era que o "r" seria mais pronunciado entre os funcionários da loja que atendia o público do estrato mais alto (a Saks Fifth Avenue) e que seria mais apagado na pronúncia dos atendentes da loja S. Klein, a loja mais popular. Essa hipótese foi de fato confirmada (cf. Labov, 2006[1966], 2008[1972]). Mas o mais interessante foi que os atendentes dessas lojas, eles mesmos, não pertenciam às classes alta, média e baixa, de acordo com a loja onde trabalhavam. Ou seja, os atendentes da Saks não faziam parte da classe alta, os da Macy's da classe média e os da S. Klein da classe baixa.

Na verdade, os atendentes da Saks (a loja da *high society*) recebiam salários mais baixos do que os atendentes da Macy's, inclusive. Contudo, eles tendiam a pronunciar mais o "r" quando diziam *Fourth floor* do que os funcionários da Macy's, incorporando em seu dialeto essa característica de maior prestígio entre os nova-iorquinos da década de 1960. Isso acontecia por causa de sua tentativa, ainda que inconsciente, de identificação com a classe mais alta. Como relata Mendes (2013: 122):

> Quanto maior o desejo (ou a pressão social) no sentido de fazer parecer que se pertence a um nicho social mais alto, maior a taxa de [r] pronunciado (ou menor o número de vezes em que a pronúncia é feita à maneira identificada — e estigmatizada — como tipicamente nova-iorquina).

Em outras palavras, aqueles atendentes desejavam — ainda que inconscientemente — mostrar que partilhavam o mesmo dialeto de determinada classe social à qual não pertenciam. E a língua é a maneira mais fácil de mostrar sua identidade como pertencente a determinado grupo, social ou geográfico (cf. Crystal, 2006a). Por isso, as pessoas costumam julgar os outros pela maneira como falam. Isso está relacionado ao *princípio da inferioridade linguística*: a fala de um grupo social de prestígio será considerada superior à fala de um grupo desprestigiado na sociedade (cf. Gnerre, 1985; Wolfram, 1998; Bagno, 2015). Mesmo diferenças sutis como a pronúncia de um "r" em final de sílaba é capaz de *marcar* o falante positivamente ou negativamente com relação a seu papel na sociedade. Absurdamente estranho, não?

No Brasil (e provavelmente em qualquer outro lugar do mundo, na verdade), acontece o mesmo fenômeno de reconhecermos alguns dialetos (ou sotaques, no caso da pronúncia) como de prestígio e contrastá-los com outros dialetos estigmatizados. E o pior: não atribuímos valores negativos ou positivos somente aos dialetos (não se trata de uma avaliação linguística, portanto), mas a seus falantes. Trata-se de uma avaliação de valores sociológica e antropológica, portanto (cf. Bortoni-Ricardo, 1984;

Gnerre 1985; Bagno, 1999, 2003). Mas não se iluda: todos têm um sotaque que marca seu dialeto, inclusive eu e você.

Para saber mais

O assunto que envolve este mito nos leva diretamente às pesquisas em sociolinguística, uma área da linguística ocupada em estudar a variação da linguagem no meio social e suas implicações para a comunidade linguística, e em geolinguística, uma área que se ocupa de estudar a língua em sua caracterização e variação geográfica. Felizmente, essas são duas áreas relativamente bem desenvolvidas em solo brasileiro, e muitas são as leituras que podem introduzir ou aprofundar o assunto. Recomendo apenas alguns textos aqui, como Marroquim (1934), Nascentes (1953), Amaral (1976), Bortoni-Ricardo (1984), Esling (1998), Moraes (1998), Bagno (2015), Cunha (2000), Alkmim & Camacho (2001), Leite & Callou (2002), Cristal (2006b), Ilari & Basso (2006), Cardoso (2009, 2010), Mendes (2013), Ramos & Coelho (2013), Battisti (2014b), Bisol & Battisti (2014), Cardoso *et al.* (2014a, 2014b), Amaral & Cordoba (2016), França *et al.* (2016).

MITO 7

A língua dos índios é muito rudimentar

Assim como outros mitos que vimos aqui, este mito já começa completamente equivocado. Sua própria formulação é imprópria: não há *uma* "língua dos índios". Há diversas línguas indígenas faladas por diferentes comunidades indígenas. E nenhuma dessas línguas é "rudimentar", em qualquer sentido que se possa pensar. As línguas indígenas são extremamente complexas — tão complexas quanto qualquer outra língua natural, como o português, o francês, o alemão, o chinês ou o japonês.

Para tentar desconstruir a primeira parte deste mito (sobre haver apenas uma única "língua dos índios"), precisamos falar um pouco sobre a variedade linguística reinante entre as populações indígenas (atendo-me, claro, às línguas indígenas brasileiras).

Hoje, no Brasil, são faladas cerca de 180 línguas indígenas, por cerca de 220 povos indígenas (cf. Rodrigues, 1993, 2005; Silva, 2009a). Por trás desse número, devo fazer algumas ressalvas. Em primeiro lugar, todo e qualquer método de contagem de línguas é impreciso por natureza, já que os limites entre língua e dialeto são corredios. O critério normalmente utilizado para afirmar que determinada língua é, de fato, uma língua — e não dialeto de uma outra — não é um critério de natureza estritamente linguística, mas de viés marcadamente político. Já diz a conhecida frase entre os sociolinguistas "uma língua é um dialeto com um exército e uma marinha", atribuída ao sociolinguista soviético Max Weinrich. Por as línguas indígenas não receberem o *status* de línguas oficiais, o número total de línguas pode variar um pouco, dependendo da fonte que consultarmos — alguns linguistas podem considerar um dialeto uma língua ou vice-versa. [Na verdade, alguns municípios brasileiros já concederam a algumas línguas indígenas o *status* de língua cooficial, juntamente com o português: em São Gabriel da Cachoeira (AM), as línguas nheengatu, tukano e baniwá são considerados cooficiais; em Tucuru e Paranhos (MS), o guarani consta como língua cooficial; em Tocantínia (TO), a língua xavante é considerada cooficial; e em Bonfim (RR), as línguas makuxi e wapixana são línguas cooficiais].

Além de o critério de contagem de línguas, em especial o de línguas indígenas, não ser preciso e uniforme (ver também, a esse respeito, a discussão de Rodrigues & Cabral, 2009), há ainda a questão que envolve a destruição das culturas indígenas e, consequentemente, o desaparecimento de suas línguas. Se hoje temos cerca de 180 línguas indígenas faladas no Brasil, estima-se que, em 1500, à época da chegada portuguesa em terras brasileiras, o número era de 1.270 línguas, ou seja, um número sete vezes maior (cf. Rodrigues, 1993, 2005). Além de o número total de línguas ter sido drasticamente reduzido — e, com isso, o número de populações indígenas —, todas as línguas indígenas brasileiras podem hoje ser consideradas línguas ameaçadas. Nenhuma das 180 línguas documentadas conta com mais do que 30.000 falantes. Na verdade, 76% das línguas indígenas brasileiras contam com menos de mil falantes nativos (cf. Rodrigues, 2005), e a média de falantes de cada uma dessas línguas é de menos de duzentas pessoas (cf. Leite & Franchetto, 2006; Silva, 2009a). Isso significa: a cada ano que passa, podemos perder uma língua no país. É uma perda terrível, não só para a linguística, mas para o patrimônio mundial cultural e humano. Quando uma língua deixa de existir, perdemos mais do que um sistema gramatical ou de comunicação complexo e estruturado; perdemos uma maneira de ver e compreender o mundo. Algumas línguas indígenas, como as línguas poyanáwa, arikapú, mondé, xipaya, kuruáya e guató não têm mais do que dez falantes. E a língua kaixana contava, em 2009, com apenas um único falante, de 78 anos (cf. Stenzel, 2005; Silva, 2009a). As línguas indígenas estão, desde o século XVI, sendo extintas, gradativa e sistematicamente. Creio que este mito contribui para que isso aconteça. Não saber que há mais de uma língua — na verdade, que há diversas línguas indígenas (lembre-se: o Brasil já foi um país com mais de 1.200 línguas, um ambiente linguisticamente riquíssimo!) é talvez a primeira parte da visão errada entranhada neste mito. A segunda parte, igualmente equivocada, deixa transparecer a ideia errônea de que as línguas indígenas seriam mais simples ou rudimentares do que as línguas da "civilização". Infelizmente ainda hoje, no século XXI, este é um mito que precisa ser desconstruído.

Todas as línguas são igualmente complexas, com um rico sistema de sons (o sistema fonológico), com um rico sistema de formação de palavras (o sistema morfológico), com maneiras diversas de combinar as palavras para formar frases bem engendradas na língua (a estrutura sintática) e com maneiras diferentes de significar, produzir ironias, estruturar as palavras para obter diversos efeitos de sentido (os princípios semânticos e pragmáticos). As línguas indígenas não são nenhuma exceção a esse princípio universal intrínseco às línguas do mundo. Quando os primeiros linguistas estruturalistas norte-americanos passaram a se ocupar do estudo das línguas indígenas norte-americanas, logo perceberam a extrema complexidade dessas línguas, tão diferentes do inglês, e reconheceram, desde cedo, que não havia língua inferior ou superior a outra (nesse sentido, ver os trabalhos de Franz Boas e Edward Sapir, por exemplo — destaquei um livro de cada um, já traduzido para o português, na seção "Para saber mais" ao final deste capítulo).

Muitas línguas indígenas, por exemplo, são línguas tonais — aliás, como a maior parte das línguas do mundo (cf. Yip, 2002). Numa língua tonal, a entoação acontece no nível da palavra, alterando o significado ou a função gramatical da palavra a depender do tom usado. Em português (e noutras línguas nossas "conhecidas", como espanhol, italiano, francês, alemão e inglês, por exemplo), temos entoação no nível da frase. Por exemplo, podemos distinguir uma frase declarativa de uma frase interrogativa com uma entoação diferenciada para cada uma:

(1) Maria está estudando línguas indígenas.
(2) Maria está estudando línguas indígenas?

A frase interrogativa termina com um tom ascendente. É justamente isso que diferencia uma frase declarativa como (1) de uma interrogativa como (2). Também podemos usar diferenças entoacionais na frase para realçar um elemento para o qual queremos chamar a atenção. Tente ler as frases abaixo focalizando as partes destacadas com letras maiúsculas e repare nas diferenças de significado de cada uma delas:

(3) JOÃO comprou um carro de Maria.
 (Não foi Pedro que comprou.)
(4) João COMPROU um carro de Maria.
 (Ele não pegou emprestado.)
(5) João comprou UM CARRO de Maria.
 (E não uma moto.)
(6) João comprou um carro DE MARIA.
 (E não de Ana.)

Fazemos isso a todo momento. Numa língua tonal, contudo, algo semelhante acontece *no interior das palavras*. Assim, uma palavra de tom descendente pode significar algo completamente diferente daquela mesma palavra quando pronunciada com o tom ascendente, por exemplo. Não temos isso em português. Talvez um exemplo aproximado para compreender os tons em uma língua tonal seja o que encontramos nas palavras "sábia", "sabia" e "sabiá". Cada uma dessas palavras tem uma sílaba tônica distinta e significa algo diferente — completamente diferente, na verdade. A primeira ("sábia") é um adjetivo, feminino, singular, que significa "esperta, perspicaz, inteligente". A segunda palavra ("sabia") é uma flexão do verbo "saber", no pretérito imperfeito, conjugado na 1ª ou na 3ª pessoa do singular (*eu sabia/ele sabia*). A terceira palavra ("sabiá"), por seu turno, é um substantivo masculino singular, que designa o nome de um pássaro. O que muda em cada caso é a pronúncia de cada palavra — cada pronúncia marca uma diferença expressiva no significado e na classe gramatical da palavra. Em resumo, vemos em português (uma língua acentual) que a diferença entre essas palavras é marcada justamente pelo acento. Nas línguas tonais, ao contrário, a diferença entre palavras pode ser marcada por tons distintos. E a distinção tonal entre palavras é um fenômeno muito produtivo em diversas línguas indígenas.

Em pirahã, uma língua indígena brasileira falada pelo povo Pirahã nas margens do rio Maici, no Amazonas (cerca de trezentas pessoas apenas), por exemplo, a distinção de tom é um dos aspectos fundamentais de seu sistema gramatical. Nessa língua, a palavra para "amigo" é *bagiái* (pronunciada mais ou menos como bagiAi — vou marcar com uma letra maiúscula a vogal de tom ascendente, tanto para manter o paralelismo com os exemplos que vimos nas frases em português quanto para manter a notação usada por Everett, 2008, de quem peguei emprestados os exemplos em pirahã), e a palavra que designa "inimigo" é *bágiái*, com tom alto em ambos os "As": bAgiAi. Ou seja: a diferença tonal dentro da própria palavra altera completamente seu significado. Veja estes exemplos também do pirahã: xaoói (pronunciado como aoOI) significa "pele", xaoói (aoOi) quer dizer "estrangeiro", xáoói (AoOi) é "orelha" e xaóói (aOoI) quer dizer "casca de castanha". Complexo, não?

E não é apenas o sistema fonológico ou prosódico das línguas indígenas que são sofisticados. A língua portuguesa e outras línguas nossas conhecidas (como aquelas que mencionei na página anterior) são consideradas línguas SVO. Ou seja, nessas línguas, temos a tendência de produzir frases que mantenham a ordem sintática SUJEITO — VERBO — OBJETO. É a ordem "básica" ou "não marcada" em português. E é o que vemos nos exemplos abaixo:

(7) <u>O homem</u>   <u>comeu</u>   <u>peixe</u>.
    sujeito —   verbo —   objeto
(8) <u>A onça</u>   <u>matou</u>   <u>a anta</u>.
    sujeito —   verbo —   objeto

Muitas línguas indígenas brasileiras, entretanto, não seguem esse tipo de ordenamento entre sujeito, verbo e objeto. A língua xavante (falada em Mato Grosso, por cerca de 2.000 pessoas), por exemplo, apresenta como ordem básica uma sintaxe do tipo SOV (cf. McLeod & Mitchell, 2003; Oliveira, 2015). Ou seja, em xavante, as frases costumam se organizar da forma SUJEITO — OBJETO — VERBO. A frase (7), em xavante, é expressa como (9):

(9) Aibö tebe ma ti're.

Em que *aibö* é "homem", *tebe* é "peixe", *ma* indica que o verbo está no passado e flexionado em 3ª pessoa e *ti're* é o verbo "comer". Ou seja, em xavante, (9) expressa, numa tradução mais literal, algo como *O homem o peixe comeu* (cf. Oliveira, 2015).

Algo semelhante acontece com diversas outras línguas indígenas brasileiras. Na verdade, a ordem SOV é, de fato, a ordem mais atestada pelos estudos de tipologia sintática nas línguas do mundo — quase a metade das línguas estudadas em termos de organização sintática dos elementos sujeito, verbo e objeto são do tipo SOV (cf. Haspelmath *et al.*, 2005). Na língua mekens (falada por cerca de apenas trinta pessoas na Terra Indígena Rio Mequens, em Roraima), encontramos o mesmo padrão de ordenamento sintático básico, SOV. Em mekens, a frase (8), "A onça matou a anta", é expressa como (10):

(10) Ameko ikwaaj õpa-a-t.

Em que *ameko* significa "onça", *ikwaaj* é "anta" e *õpa-a-t* é "matou" (cf. Galucio 2014). Ou seja, em mekens, a gente diria algo como "A onça a anta matou" para expressar a frase "A onça matou a anta" em português.

Há ainda, entre as línguas indígenas brasileiras, línguas que seguem o padrão SVO (como o guarani, falado no Brasil pelos povos de etnia guarani), o padrão VSO (como a língua guató, falada por apenas quatro remanescentes do povo Guató, em Mato Grosso do Sul), a ordem VOS (como o wari', falado por cerca de 1.900 pessoas, na região de fronteira com a Bolívia), a ordem OVS (como a língua hixkaryana, falada na região do rio Nhamundá, na Amazônia, por cerca de quinhentas pessoas) e, ainda, o ordenamento sintático mais raro do mundo: a ordem OSV (como o nadëb, falado na região do rio Negro, na Amazônia, por cerca de quatrocentos falantes). Há ainda línguas como o kulina (falado por cerca de 5.000 pessoas, no Amazonas), que, como o latim clássico, tem morfologia verbal e nominal bastante rica, o que permite a ordem livre dos elementos na frase (cf. Tiss, 2004). Em resumo: há muita variedade e complexidade linguística entre as línguas indígenas faladas no Brasil.

Outro exemplo de complexidade linguística, agora envolvendo aspectos sintáticos e semânticos, pode ser visto na língua karajá (falada por cerca de 2.900 pessoas, em Goiás, Mato Grosso, Tocantins e Pará). Em karajá, há morfemas gramaticais que chamamos de *infixos*. O português conta apenas com prefixos e sufixos. Os prefixos são aqueles morfemas que usamos no início de uma palavra (como *re-* em "reler", "reescrever", "refazer"; ou *i-* em "ilegal", "imoral", "inegável"), ao passo que os sufixos são aqueles morfemas que aparecem no final de palavras (como *-mente* em "legalmente", "habilmente", "lentamente"; ou *-oso* em "gasoso", "gostoso", "saboroso"). Não temos nenhum elemento desse tipo (chamamos esse tipo de morfema de *afixo*) que apareça no *interior* de uma palavra. O karajá, ao contrário, conta com esse tipo de afixo. São os infixos. Veja os exemplos abaixo (e repare também a ordem sintática do karajá, SOV, agora que você já aprendeu um pouco sobre isso):

(11) Hirari tyky risunyra.
menina roupa sujou
"A menina sujou a roupa."

(12) Beu tyky risunyra.
lama roupa sujou
"A lama sujou a roupa."

(13) Tyky rasunyra.
roupa sujou
"A roupa sujou."

Na primeira linha de cada exemplo, está a frase em karajá; na segunda linha (que chamamos de *glosa*), está uma tradução mais literal, para percebermos a ordem de palavras da língua, por exemplo; na terceira linha, está a tradução da frase para o português. Repare em como se diz "sujou" em karajá: seria "rasunyra" ou "risunyra"? A diferença entre essas duas formas verbais está justamente no infixo: em (11) e (12) temos o infixo -i- ("r**i**sunyra") e em (13) temos o infixo -a- ("r**a**sunyra"). Essa mudança de infixo marca a mudança na transitividade do verbo: em (11) e (12), o verbo está sendo usado como um verbo *transitivo direto*, ou seja, com um objeto direto ("a roupa"). Nesses dois exemplos, temos também sujeitos agentes ou causadores, que praticam, de certa forma, a ação expressa pelo verbo. No exemplo (13), contudo, o verbo "sujar" está sendo usado *intransitivamente*, ou seja, sem qualquer complemento. E o sujeito da frase agora é um sujeito paciente, *a roupa* (justamente o objeto que sofreu a ação verbal nas frases 11 e 12). Para marcar essa alternância verbal, o karajá conta com esses infixos. Se o verbo for usado transitivamente e tiver um sujeito agente ou causador, usa-se o infixo -i-. Se esse mesmo verbo for usado de maneira intransitiva com um sujeito paciente, usa-se o infixo -a-. Complexo, não?

Também temos, em português, esse tipo de alternância verbal (é o que vemos em frases como *Maria abriu a porta // O vento abriu a porta // A porta abriu*). Entretanto, não contamos com um morfema infixal para marcar essa alternância. Nesse sentido, o karajá é mais complexo do que o português.

De maneira semelhante, a morfologia das línguas indígenas é variada e muitíssimo complexa. Veja, por exemplo, a formação de plurais na língua kotiria (falada por cerca de 1.600 falantes do povo Kotiria, que vive às margens do rio Uaupés, na fronteira entre Brasil e Colômbia). Em português, a regra geral que seguimos para formar o plural de um substantivo é acrescentar o morfema -s. Daí termos os pares *me-*

nino — meninos, livro — livros, porta — portas etc. Há algumas exceções a essa regra, como as palavras que terminam em 'r', 's' ou 'z' (*professor — professores, país — países, raiz — raízes*) e as que terminam com ditongos nasais (*pão — pães, leão — leões*). A regra produtiva e geral, entretanto, é o acréscimo de -s ao substantivo base.

Em kotiria, entretanto, a formação de substantivos plurais não é tão simples. Essa língua distingue, por exemplo, a maneira de marcar o plural de substantivos que denotam seres animados (*mulher, homem, menino, peixe, cachorro* etc.) da maneira de assinalar o plural de substantivos que denotam objetos inanimados (*árvore, raiz, planta, lago* etc.). Vejamos aqui apenas como funciona a formação de plurais em substantivos animados. A marcação de plural de substantivos que denotam seres humanos é feita pelo acréscimo dos sufixos -~*da* ou -*a* (por exemplo ~*dubi-a*, "mulheres") ao substantivo. O plural de substantivos que denotam seres animados não humanos, por outro lado, é formado com o sufixo -*a* ou -*ya* (por exemplo *die-ya*, que significa "cachorros"). Ainda entre os animados, há um sufixo de plural específico que assinala que o substantivo se relaciona a um ser idoso ou que merece respeito, é o sufixo -~*kida* (por exemplo ~*dubi-a-~kida*, que significa "senhoras") — cf. Stenzel (2009).

Outro exemplo interessante de morfologia rica pode ser visto na conjugação verbal na língua madiha. Em português culto falado, conjugamos um verbo regular como *cantar* da seguinte maneira, no presente do indicativo (cf. Monteiro, 1994; Perini, 2016):

Eu	canto
Tu/você	canta
Ele	canta
A gente	canta
Nós	cantamos
Vocês	cantam
Eles	cantam

Já em madiha, o mesmo verbo é conjugado da seguinte maneira (cf. Tiss, 2004):

Hiri onani	*eu canto*
Hiri tani	*tu/você canta*
Hiri nani	*ele canta*
Hihiriri inani	*nós dois cantamos*
Hihiriri tani	*vocês dois cantam*
Hihiriri nani	*eles dois cantam*
Hiri inani	*nós cantamos*
Hiri tikenani	*vocês cantam*
Hiri kenani	*eles cantam*

O interessante é que o madiha faz a distinção entre as formas plurais *nós* x *nós dois*, *vocês* x *vocês dois* e *eles* x *eles dois*. Ou seja, o madiha tem mais do que pronomes no singular e no plural: o madiha conta também com pronomes com o número gramatical que chamamos de *dual*, usado justamente para se referir a um conjunto formado por dois integrantes. Esse sistema de número gramatical (singular x dual x plural), em que o plural significa três ou mais, é mais complexo do que o que temos em português (e é encontrado, *mutatis mutandis*, em outras línguas do mundo, como em árabe, esloveno e hebraico — em português temos apenas um resquício do dual com o numeral "ambos"). Interessante, não?

Na verdade, poderíamos elencar aqui muitíssimos outros exemplos que comprovam que as gramáticas das diferentes línguas indígenas são extremamente ricas e complexas. Cada uma das 180 línguas indígenas ainda faladas no Brasil são igualmente ricas, complexas e interessantes. Talvez um último exemplo de complexidade que possamos ver neste capítulo seja um que chama a atenção imediatamente quando ouvimos uma língua diferente da nossa: seu inventário de sons. Ou seja, mesmo sem conhecer uma língua, sem compreender o que seus falantes estão dizendo, podemos perceber, apenas por ouvir um falante nativo, sons que se aproximam ou que são diferentes de nossa língua materna.

O português conta com aproximadamente dezenove consoantes (como os sons iniciais das palavras **p**ato, **b**ato, **c**ato, **g**ato, **m**ato, **n**ato, **ch**ato, **f**ato, **r**ato...) e sete vogais orais tônicas (a, e, é, i, o, ó, u) — cf. Camara Jr., 1970; Callou & Leite, 1990. O quadro de sons consonantais e vocálicos que encontramos nas línguas indígenas brasileiras é, em geral, bem distinto do que aquele que encontramos em português. O pirahã, por exemplo, conta com apenas três vogais: *a, i, o*, sendo uma das línguas com menos vogais do mundo (cf. Everett, 1986). Já o kulina conta com cinco vogais, de maneira mais próxima do que conhecemos em português: i, e, é, a, o (cf. Tiss, 2004). Por outro lado, o xavante tem treze vogais em seu inventário fonológico (ou seja, quase o dobro do número de vogais do português e quase o triplo do que encontramos em espanhol): a, e, é, i, o, ó, u (como em português), mais quatro vogais nasalizadas (em que o ar expelido passa também pela cavidade nasal), ã, ẽ, ĩ, õ, e duas vogais centralizadas que não temos em português, um tipo de *i* produzido com a língua alta, no centro da boca (nem muito à frente, como o *i*, nem muito atrás, como o *u*) e um tipo de *e*, produzido com a língua um pouco mais baixa do que o *i* centralizado (cf. McLeod, 1974; McLeod & Mitchell, 2003; Oliveira, 2007). A língua akuntsú (com apenas seis falantes nativos vivendo no sudeste de Rondônia) tem um inventário de vogais ainda mais complexo. Essa língua conta com nove fonemas vocálicos, mas essas vogais podem se realizar de 31 diferentes maneiras, dependendo da palavra em que aparecem e da força acentual de cada palavra (cf. Carvalho & Aragon, 2009). Isso mostra a grande diversidade encontrada nas línguas indígenas.

Além desses exemplos tão diversos de vogais, há, de modo semelhante, línguas que apresentam sons consonantais muito diferentes do que encontramos em português. A língua karajá, por exemplo, conta com uma consoante ingressiva em seu inventário. Em português, quando produzimos um som consonantal como em "**da**do", a corrente de ar sai dos pulmões e é expelida pela boca. Para produzirmos um som consonantal ingressivo (que não existe em português), precisamos fazer um movimento contrário com a corrente de ar, que é impulsionada pela glote para baixo. É um movimento bastante complexo para a produção de um som na cadeia de fala. E é um som que encontramos em karajá.

Espero que este capítulo tenha servido para mostrar que não há como se falar em "uma língua dos índios" — o que temos são diversas línguas, intimamente ligadas à história de cada um dos diferentes povos indígenas que vivem no Brasil. Não podemos pensar que essas línguas sejam menos complexas do que qualquer outra língua natural que conhecemos — inclusive o português. Este mito serve apenas para desmerecer as comunidades indígenas, tão valiosas, culturalmente ricas e complexas quanto qualquer outra comunidade.

Para saber mais

Um dos principais linguistas brasileiros e o mais importante pesquisador de línguas indígenas brasileiras no país certamente foi Aryon Rodrigues (falecido em 2014). Ele escreveu constantemente sobre a necessidade de pesquisadores atuarem no campo das línguas indígenas, para estudá-las, descrevê-las e compreendê-las antes que elas se extingam. Recomendo a leitura de qualquer um de seus textos.

Se você gostaria de saber um pouco mais sobre a linguística voltada ao estudo de línguas indígenas, especialmente sobre as línguas indígenas brasileiras, pode começar seguindo algumas destas sugestões: Sapir (1954[1921]), Camara Jr. (1965), Klein & Stark (1985), Rodrigues (1993, 1994, 2005), Wetzels (1995), Queixalós & Lescure (2000), Seki (2000), Cabral & Rodrigues (2002), Moore (2005), Rodrigues & Cabral (2005), Leite & Franchetto (2006), Everett (2008), Silva (2009b), Boas (2010[1938]), Franchetto (2001), Storto, Franchetto & Lima (2014), França *et al.* (2016), Santos (2016).

> Há ainda alguns *websites* de referência no estudo das línguas indígenas, como o Povos Indígenas no Brasil (https://pib.socioambiental.org), a Biblioteca Digital Curt Nimuendajú (www.etnolinguistica.org), o Summer Institute of Linguistics (www.sil.org) e o Ethnologue (www.ethnologue.com). Muitos dos dados referentes às línguas indígenas que usei neste capítulo vieram deles.

MITO 8

Depois de adulto, é praticamente impossível aprender uma nova língua

Imagino que todos nós já tenhamos ouvido algo relacionado a este mito em algum momento. A pressão que os pais de uma criança sofrem para matriculá-la o mais cedo possível em um curso de idiomas é uma amostra disso. Este mito tem um lado benéfico e um lado maléfico. O benéfico é que o número de currículos bilíngues tem aumentado significativamente no Brasil e muitas crianças hoje têm acesso à educação bilíngue ou, ao menos, ao ensino de uma segunda língua, desde as séries iniciais (cf.

Zilles, 2006; Marcelino, 2009; Passoni & Gomes, 2016). O lado maléfico é que muitos adultos se sentem, às vezes, desencorajados de aprender uma nova língua, por causa de sua suposta idade avançada para a aprendizagem.

De onde vem o mito de que há uma idade ótima para aprendizado de línguas adicionais e uma idade em que esse aprendizado seja quase impossível? Provavelmente da observação de que uma criança, via de regra, consegue realmente aprender uma segunda língua de maneira muito mais fácil e natural do que um adulto. Isso é certamente um fato a respeito do aprendizado de uma segunda língua. E esse fato possivelmente está ligado à ideia do *período crítico de aquisição da linguagem*.

Em linguística, temos a hipótese de um período específico da nossa vida em que estamos aptos a desenvolver nossa língua materna (ou nossas línguas maternas, para o caso de crianças bilíngues ou plurilíngues). É justamente a hipótese do período crítico de aquisição da linguagem. De acordo com essa hipótese, há determinado período durante nosso crescimento (que vai do momento em que ainda estamos no útero materno até por volta da época em que atingimos a puberdade) em que estamos habilitados a desenvolver nossa língua materna (cf. Pinker, 2002; Santana, 2004). Essa hipótese se popularizou na década de 1960 com trabalhos do neurocientista alemão Eric Lenneberg, para quem a capacidade linguística do indivíduo é inata e pode ser desenvolvida durante uma curta janela de tempo de seu desenvolvimento. Suas ideias foram muito influentes na época e impactaram diretamente o trabalho do linguista norte-americano Noam Chomsky, por exemplo, quando Chomsky desenvolveu o programa gerativista no estudo da linguagem. Assim como Lenneberg, Chomsky sustenta que a linguagem tem base inata e sua evolução se dá numa fase específica de nosso desenvolvimento — que provavelmente começa ainda no útero e vai se fechando por volta da adolescência. Talvez um dos principais argumentos de Lenneberg tenha sido que a plasticidade cerebral para a aquisição de uma habilidade cognitiva sofisticada como uma língua natural seja bastante limitada e não possa acontecer depois da fossilização de certos circuitos neuronais. Esse fenômeno neurobiológico ocorreria justamente no início da puberdade. Ou seja, temos aí um período crítico de aquisição da linguagem (cf. Lenneberg, 1964, 1967; Boeckx & Longa, 2011).

Durante esse período, precisamos participar de uma comunidade de fala, precisamos receber *input* linguístico em quantidade, em uma, duas ou mais línguas — há vários casos já bem estudados de crianças que cresceram falando três ou quatro línguas, dos pais e da comunidade (cf. De Houwer, 2005; Barnes, 2006). Ao participarmos ativamente da comunidade de fala durante esse período crítico (até a puberdade), conseguiremos adquirir nossa(s) língua(s) materna(s) com fluência de falante nativo. Na verdade, há trabalhos de campo que mostram que o processo de aquisição da linguagem em algumas culturas aborígenes (como a dos kaluli de Papua Nova-Guiné e a dos samoanos da Samoa Ocidental, na Polinésia) acontece mesmo sem que os adultos considerem as crianças muito pequenas como "parceiros de fala", como interlocutores. Nessas comunidades, ao contrário do que acontece na nossa sociedade, os adultos evitam dirigir qualquer palavra aos bebês e às crianças muito pequenas até que elas consigam pronunciar palavras inteligíveis em suas línguas. E, também ao contrário do que acontece na nossa sociedade, as primeiras vocalizações dos bebês costumam ser ignoradas pelos adultos, como se elas não significassem nada além de barulho (cf. Ochs & Shieffelin, 1997; Scarpa, 2001). Ainda assim, essas crianças adquirem e desenvolvem suas línguas maternas sem qualquer problema. Afinal, elas participam da comunidade de fala e recebem *input* linguístico.

Por outro lado, se não tivermos acesso a nenhuma língua durante o período crítico de aquisição da linguagem, estamos fadados a nunca aprender uma língua plenamente, já que a janela para aprendizado de língua se fecharia, uma vez alcançada a puberdade. Infelizmente, há na literatura relatos de crianças privadas de linguagem durante o período crítico (cf. Newton, 2002; McCuloch, 2014). Talvez o caso mais conhecido seja o da menina Genie.

Genie foi mantida em total isolamento até os 13 anos. Seu pai a mantinha trancada dentro do porão de casa, sem contato algum com qualquer pessoa. Ele tampouco dirigia a palavra a ela. Foi um caso terrível contra a dignidade humana de uma criança. Aos 13 anos, em 1970, ela foi libertada pelas autoridades de Los Angeles, onde a família vivia. Depois de libertada, precisou de tratamento médico e psicológico. Como não tinha sido exposta a nenhuma língua durante o período em isolamento (dos 20 meses aos 13 anos), Genie nunca chegou a aprender o inglês (e nenhuma outra língua) com fluência. Apesar de aprender algumas palavras, ela nunca conseguiu articular frases sintaticamente corretas. Suas frases não passavam de um aglomerado "telegráfico" de palavras, sem ligações morfossintáticas (como concordância verbal e nominal) e sem itens gramaticais (como artigos, conjunções ou

Genie
http://bit.ly/2n0RUrK

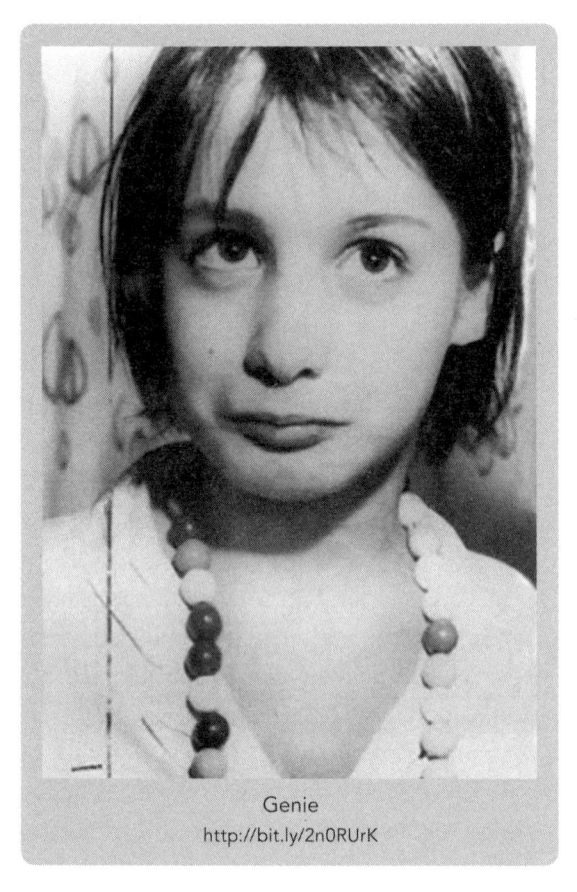

preposições). Veja algumas frases de Genie, reportadas em Pinker (2002): *Applesauce buy store* (literalmente "suco de maçã comprar loja"), *Neal come happy; Neal not come sad* ("Neal vir feliz; Neal não vir triste"), *Man motorcycle have* ("homem motocicleta tem"), *I like elephant eat peanut* ("eu gostar elefante comer amendoim"). O caso de Genie parece reforçar a hipótese do período crítico de aquisição da linguagem e foi relativamente bem estudado nas décadas de 1970 e 1980, enquanto professores tentavam ensinar o inglês a Genie para ela poder tentar viver uma vida em sociedade (cf. Curtiss *et al.*, 1975; Curtiss, 1977; Russ, 1994).

Outras evidências para sustentar a hipótese do período crítico de aquisição da linguagem têm vindo também de algumas pesquisas de caráter experimental, como as de Patricia Kuhl e colaboradores, da Universidade de Washington (cf. Kuhl, 2004; Kuhl *et al.*, 2006, por exemplo). Seus trabalhos vêm mostrando que o período crítico de aquisição da linguagem pode ser ainda bem mais limitado no caso de aquisição dos sons de uma língua. Alguns de seus trabalhos têm apontado, por exemplo, que a janela que temos para aprender os sons de maneira inconsciente e com a fluência nativa se fecha por volta de 12 meses de vida. Ou seja, a criança exposta a uma, duas ou três línguas até seus primeiros 12 meses de vida irá reconhecer esses sons e poderá se tornar fluente nessas línguas. Se, por outro lado, a criança é exposta a uma segunda língua depois de completar 1 ano, a aprendizagem dos sons da nova língua não se dará de maneira tão espontânea. Em um experimento, por exemplo, Kuhl e seus colegas testaram a reação de bebês muito novos (com menos de 10 meses) a sons vocálicos e consonantais de diversas línguas. A ideia era perceber se o bebê reconhecia quando havia mudança de um som — como a mudança de um "a" para um "i" ou de um "p" para um "b". A conclusão a que chegaram é que os bebês, desde muito cedo, conseguem reconhecer a mudança de sons, mesmo que esses sons não existam na sua língua materna. É como se um bebê brasileiro ouvisse a pronúncia das palavras *man* ("homem", em inglês) e *men* ("homens", também em inglês) e percebesse a diferença. Essas duas palavras só se distinguem pelo som da vogal, diferentes em cada caso. Em *man*, temos a vogal representada pelo símbolo /æ/, uma vogal produzida com a língua baixa, posicionada relativamente na frente da boca, sem que arredondemos nossos lábios. Já no plural, *men*, temos a vogal /e/, produzida com a língua também na parte frontal da cavidade oral, também sem arredondamento dos lábios, mas com a língua levemente mais alta do que na pronúncia de /æ/. É, de fato, uma diferença sutil que nós, adultos, não conseguimos perceber, a menos que alguém nos diga que se trata de duas palavras distintas. Nas palavras de Kuhl (em uma palestra para o TED Talks[1], cf. Kuhl, 2010):

---
1 Cf. Patricia Kuhl – A genialidade linguística dos bebês: youtu.be/G2XBIkHW954. Acesso: 10 mar. 2017.

> Os bebês em todo o mundo [...] podem discriminar todos os sons de todas as línguas, não importa em que país estamos testando e que língua estamos usando. E isso é notável porque você e eu não conseguimos fazer isso. [...] Nós conseguimos discriminar os sons da nossa língua, mas não os de línguas estrangeiras.

Em resumo, muitos linguistas (eu, inclusive) acreditam que há de fato uma correlação entre idade e aprendizado de língua materna, e isso facilitaria aprender uma língua materna quando ainda somos bem novos. Entretanto, a hipótese do período crítico de aquisição da linguagem não se aplica diretamente à aprendizagem de uma língua estrangeira ou adicional. Quando falamos em língua materna, estamos falando em primeira língua, a língua de nossos pais e cuidadores. Quando falamos em aprender uma língua adicional, estamos nos referindo à aprendizagem formal de uma segunda língua, num ambiente escolar, com o auxílio de um professor, seguindo um livro didático, praticando exercícios, desenvolvendo conhecimento metalinguístico etc. Nesse sentido, sabemos que mesmo aqueles que já passaram da puberdade conseguem aprender uma segunda língua. Há uma relação com a hipótese do período crítico, mas essa relação parece não explicar a história toda (cf. Birdsong, 2005).

Entretanto, uma versão "mais fraca" da hipótese do período crítico (chamada de hipótese do período sensível) se aplica justamente ao ensino e à aprendizagem de segunda língua. Nesse sentido, a aprendizagem de uma segunda língua passa a ser tão mais difícil quanto mais nos distanciarmos da puberdade (cf. Lightbrown & Spada, 1999; Kuhl, 2010). Ou seja, há um respaldo, na comunidade linguística, para o mito de que "quanto mais tarde pior" e "quanto mais cedo melhor" quando o assunto é aprendizagem de segunda língua. Em 2004, tive a oportunidade de entrevistar a linguista canadense Nina Spada (da Universidade de Toronto e coautora do supracitado *How Languages Are Learned*, de 1999). Nessa entrevista (cf. Spada 2004), perguntei a ela sobre qual seria a melhor idade para uma criança começar a aprender uma segunda língua. Sua resposta foi a seguinte (tomo a liberdade de transcrever um extenso trecho da entrevista aqui):

> Praticamente qualquer um diria "quanto mais novo, melhor", quando se trata de aprender uma língua estrangeira através da educação formal, em escolas. Contudo, tanto a experiência quanto a pesquisa têm mostrado que estudantes mais velhos podem obter um nível de proficiência alto, se não nativo, em uma língua estrangeira. Então a resposta para a pergunta "qual é a

melhor idade para as crianças começarem a aprender uma língua estrangeira?" depende de diversos fatores, sendo os dois mais importantes:

(1) objetivos e expectativas do programa instrucional;
(2) contexto em que o ensino acontece.

Se o objetivo de aprender/ensinar uma língua estrangeira é obter o mais alto nível de habilidade na segunda língua, ou seja, o nível em que um falante de segunda língua se torne igual ao falante nativo, há sustentação para o argumento "quanto mais cedo, melhor". Esse apoio, encontrado na literatura sobre a hipótese do período crítico, se baseia no princípio de que fatores biológicos e maturacionais limitam a capacidade de aprendizagem de línguas depois de determinada idade.

No entanto, alcançar a fluência de uma língua estrangeira em um nível de falante nativo não é o objetivo de todos os alunos em todos os contextos. Na verdade, a maioria dos aprendizes de língua estrangeira está principalmente interessada em obter uma habilidade básica de comunicação na língua estrangeira, porque a sua língua materna continuará sendo a sua língua principal. Nesses casos, pode ser mais eficiente começar o aprendizado da língua estrangeira mais tarde. Pesquisas têm mostrado que, quando recebem apenas algumas horas de instrução por semana, alunos que começam mais tarde (por exemplo, por volta dos 10--12 anos, ao invés de 6-8 anos) geralmente se igualam àqueles que começaram mais cedo. Sendo assim, uma

> ou duas horas por semana não irão produzir falantes de segunda língua muito avançados, não importa quão cedo tenham começado (Spada, 2004: 4 e 5).

Ainda que Spada diga não ser preciso necessariamente começar a aprendizagem cedo, ela não fala nada a respeito de aprendizes adultos — para ela, o "começar mais tarde" significa começar a estudar uma língua por volta dos 10 a 12 anos. E para o adulto? Será praticamente impossível aprender uma língua?

A resposta a essa pergunta é um categórico **não**, o que desconstrói nosso mito, portanto. Não é praticamente impossível aprender uma língua depois de adulto — mas é realmente muitíssimo mais difícil do que aprender uma língua quando ainda somos novos (cf. Ehrman, 1996; Singleton & Ryan, 2004). E é muitíssimo difícil atingir a fluência de um falante nativo se começarmos tarde (cf. Patkowsky, 1980). Ou seja, se eu for aprender outra língua agora (húngaro, digamos), nos altos dos meus quase 40 anos, dificilmente poderei algum dia confundir um falante nativo de húngaro e tentar me passar por um húngaro nativo. Por mais que eu me dedique ao meu estudo de húngaro, em algum momento de minha conversa com um húngaro, meu interlocutor nativo vai dizer "Várj egy percet! Te nem vagy magyar!" ("Espere um pouco! Você não é húngaro!").

Isso, no entanto, não deve desanimar aprendizes mais velhos. Ainda que a fluência nativa possa nunca ser alcançada, isso não significa que o adulto não possa atingir uma fluência satisfatória ou mesmo muito boa com o estudo tardio de segunda língua. Para fazer um paralelo talvez grosseiro, imagine que você — que já é velho do ponto de vista linguístico (imagino que já tenha passado da puberdade e, por conseguinte, do período crítico de aquisição da linguagem) — resolvesse se dedicar ao aprendizado de uma habilidade nova: pode ser capoeira, yoga, violoncelo ou balé clássico. Esse será um aprendizado duro, vai exigir comprometimento, tempo, esforço, prática de exercícios repetitivos e exaustivos etc. E talvez você nunca atinja a perfeição, por mais que pratique e se dedique a essa nova habilidade. Contudo, você, ainda assim, pode sentir prazer ao praticar essa nova habilidade, pode dominá-la e ser reconhecido por isso. Pode até mesmo se tornar instrutor de capoeira, yoga, violoncelo ou balé clássico, depois de muita dedicação e prática — mesmo tendo começado "velho". No espírito dessa comparação, algo muito semelhante acontece com o aprendizado de uma segunda língua quando já somos mais velhos. Aprender uma segunda língua vai demandar tempo e dedicação, mas não há nada na idade, em si, que nos impeça de aprender e dominar essa segunda língua. A motivação para o aprendizado de uma nova língua, aliás, pode ser um fator diferencial nesse processo (cf. Ehrman, 1996). Por isso, nunca devemos desencorajar "novos aprendizes velhos".

A aprendizagem de uma segunda língua traz, aliás, benefícios para o adulto e para quem está se aproximando da terceira idade — e esse pode ser um fator motivador para qualquer idoso linguístico (ou seja, qualquer um com mais de 19 anos) começar a aprender um novo idioma. Alguns estudos apontam que um falante bilíngue ou um sujeito que se dedique a aprender uma segunda língua tem menos chance de desenvolver doenças como Alzheimer e outras demências — ou desenvolva demências mais tarde (cf. Bialystock *et al.*, 2004; Mekala, 2013; Woumans *et al.*, 2015; Billig & Finger, 2016). No estudo de Woumans *et al.* (2015), por exemplo, os autores investigaram 134 pacientes diagnosticados com o mal de Alzheimer, internados em dois hospitais europeus. Desses 134 pacientes, 69 eram monolíngues e 65 bilíngues. Woumans e seus colegas buscavam descobrir se o bilinguismo poderia ser um fator que influenciasse positiva ou negativamente o aparecimento da doença. Depois de investigarem os dois grupos de pacientes, perceberam que os pacientes que sabiam mais de uma língua manifestaram a doença cerca de quatro anos e meio mais tarde do que os pacientes que dominavam uma única língua. Ou seja, os pesquisadores trouxeram evidências empíricas de que dominar duas línguas pode retardar o aparecimento de sintomas do Alzheimer em quase cinco anos.

Creio que a moral da história para este mito seja a seguinte: há de fato um declínio na nossa capacidade de aprender uma segunda língua com o passar dos anos. O envelhecimento traz, então, esse efeito perverso. Entretanto, está longe de ser impossível aprender uma nova língua depois de adulto e várias são as vantagens de sabermos nos comunicar em uma outra língua além de nossa língua materna.

Para saber mais

Sobre aquisição da linguagem, bilinguismo e aprendizado de segunda língua na infância e na maturidade, recomendo as seguintes leituras: Lenneberg (1967), Scovel (1988), Long (1990), Birdsong (1999, 2006), Lightbrown & Spada (1999), Scarpa (2001), Pinker (2002), Bialystock *et al.* (2004, 2012), Sarmento (2004), Singleton & Ryan (2004), Spada (2004), De Houwer (2005), Ortega (2009), Grolla & Figueiredo Silva (2014), Gómez (2016).

MITO 9

Os animais têm uma forma de comunicação tão complexa quanto a nossa

Somos os únicos seres na Terra com linguagem? Sabemos que os animais se comunicam. Ouça o canto dos pássaros ao amanhecer ou o coaxar dos sapos na chuva, por exemplo. Chamamos de *canto* e de *coaxar* porque não são linguagem. São meios de comunicação, mas não são linguagem, tal como concebemos *nossa* linguagem. Pensar sobre este mito nos obrigará, justamente, a pensar em algumas das propriedades essenciais da *nossa* linguagem, a linguagem humana. Afinal, se vamos contrapor nossa linguagem aos sistemas de comunicação dos animais, temos de pensar em algumas das propriedades inerentes de nossa linguagem e verificar se essas propriedades também existem nos sistemas de comunicação animal. Entre os linguistas, das mais diferentes áreas e linhas teóricas, há praticamente um consenso a respeito da exclusividade da linguagem humana. A faculdade humana de linguagem é o principal traço que nos distingue de outros seres do reino animal, sendo, portanto, exclusiva dos seres humanos e, por isso mesmo, não encontrada em nenhuma outra espécie animal (cf. Hauser, Chomsky & Fitch, 2002; Franchetto & Leite, 2004).

Apesar do consenso aparente que confirma a desconstrução deste mito, o que tem dividido os linguistas mais recentemente é um tema correlato e efervescente no cenário atual: a origem da linguagem. Há um intenso debate, hoje, sobre como a linguagem surgiu nos primeiros seres humanos e quais as chances de outras espécies virem a desenvolver um sistema linguístico parecido com o nosso. Alguns acreditam que a linguagem tenha surgido de maneira abrupta, como resultado de alguma modificação em nosso código genético (cf. Chomsky, 2014; Berwick & Chomsky, 2016); outros acreditam que a linguagem seja fruto do desenvolvimento de nossa cultura (cf. Tomasello, 2003; Everett, 2012); há também pesquisadores que acreditam que a capacidade da linguagem possa ter começado de maneira rudimentar nos primeiros seres humanos e, por isso, também possa eventualmente ser desenvolvida por outra espécie animal no decorrer de sua evolução (cf. Givón, 1993; DeLancey, 2001; Pinker & Jackendoff, 2005), assim como foi desenvolvida pelos primeiros hominídeos que "dominaram" a linguagem.

De qualquer maneira, apesar das controvérsias que ainda envolvem a questão da origem da linguagem, há — como eu disse — certo consenso sobre a linguagem humana ser diferente de qualquer outro sistema de comunicação encontrado no reino animal. Entre as muitas características únicas e exclusivas da linguagem humana, creio que três merecem certo destaque: a *atemporalidade*, a *criatividade linguística* e a *recursividade*.

Vamos por partes.

A *atemporalidade* é uma característica de nossa linguagem que nos permite falar sobre acontecimentos que já passaram (sobre o passado), que estão acontecendo durante o meu ato de fala (sobre o presente) ou que ainda estão por vir (sobre o futuro). Ou seja, produzimos enunciados que não estão diretamente associados à nossa experiência imediata e às coisas ao nosso redor. Podemos reportar experiências passadas a nossos semelhantes e, por conseguinte, gerar conhecimento sobre o mundo. Imagine-se, por exemplo, vivendo na natureza, há 5.000 anos. Vivemos em um agrupamento grande e precisamos buscar comida. Um dia, encontro uma árvore frutífera e resolvo colher seus frutos. O que eu não sabia era que esses frutos não fazem bem para nosso organismo. Depois de saciar minha fome com esses novos frutinhos, passo muito mal e quase morro. Na semana seguinte, quando vejo que você vai em direção à mesma árvore, tenho uma maneira de te alertar. Posso usar de minha capacidade linguística para relatar minha experiência passada e dizer algo como: "Não pegue os frutos daquela árvore; há algumas noites, comi aqueles frutos e quase morri. Eles não são bons para nosso consumo". Ora, isso não é nada simples, apesar de parecer trivial para nós, dotados de linguagem. Não há nenhum animal que consiga se aproximar de um semelhante seu e relatar uma experiência pessoal da semana passada. Já imaginou seu gato ou cachorro compartilhando com outro uma experiência pessoal que ele ou ela teve na última vez em que foi ao veterinário? Mesmo que os animais se lembrassem das experiências por que passaram, eles não conseguiriam verbalizar essas experiências e compartilhá-las com seus semelhantes.

Da mesma forma, podemos falar sobre o presente e planejar o futuro. Em nosso exercício imaginativo, ainda estamos vivendo numa comunidade pré-histórica e estamos buscando comida. Percebemos que um grupo de capivaras está habitando um lugar próximo à nossa comunidade. Não precisamos ir lá imediatamente tentar capturá-las. Podemos, através da linguagem, planejar uma captura futura, inclusive imaginando e verbalizando cenários possíveis que podem vir a acontecer: "Amanhã, logo que o sol nascer, vamos abordar o grupo de capivaras pelo lado da mata. Se elas correrem para o rio, dois de nós estarão esperando naquela direção também". Como disse o biólogo norte-americano Mark Pagel: "A linguagem foi nossa arma secreta e assim que nós a desenvolvemos, nos tornamos uma espécie realmente perigosa". Apesar de trivial, planejar e compartilhar planos e falar sobre o futuro também só é possível graças à característica de atemporalidade de nossa linguagem. Um animal pode planejar um ataque a uma presa, ficando à espreita e se organizando para uma caça em grupo (ou uma pesca em grupos, como no caso de algumas espécies de baleias). Entretanto, não há nenhum animal que consiga confabular com seu semelhante sobre o futuro próximo ou distante.

Outra característica que separa nossa linguagem do que encontramos em sistemas de comunicação animal é a chamada *criatividade linguística*. Ao contrário de qualquer outro parente animal, conseguimos criar enunciados novos, inéditos, nunca antes ditos ou pensados. E mais: esses enunciados novos, apesar de terem sido criados pela primeira vez em determinado instante, podem ser compreendidos por qualquer um com quem compartilharmos a linguagem. Pense nas frases deste parágrafo, por exemplo. É provável que você nunca tenha lido ou escutado qualquer uma delas. Ou seja, você provavelmente nunca encontrou as palavras arranjadas de tal maneira que formassem estas frases. Contudo, não há qualquer dificuldade para compreendê-las. Essa propriedade da linguagem é extremamente poderosa; não apenas garante que consigamos formar frases e enunciados inéditos e novos, mas também nos dá a possibilidade de formar infinitas frases, todas diferentes umas das outras. Até onde sabemos, não há qualquer espécie animal que tenha essa capacidade de criar novas mensagens de maneira infinita. Por mais vasto que seja o repertório de sons e combinações de sons que alguns animais podem gerar, esse repertório é sempre finito, composto de um número delimitado de sons e de mensagens a serem transmitidas. Nossa linguagem, ao contrário, não é composta de um repertório finito de frases dentre as quais devemos escolher uma cada vez que queiramos nos expressar. Ao contrário, criamos enunciados novos, não repetidos, com base em algumas milhares de palavras e algumas regras ou princípios que governam o sistema gramatical de nossa língua (cf. Lightfoot 1982, Yang 2006).

Finalmente, chegamos a outra propriedade central da linguagem humana, a *recursividade*. A recursividade é uma propriedade que nos permite, por exemplo, formar orações dentro de orações. E orações dentro de orações dentro de orações. E orações dentro de orações dentro de orações dentro de orações — acho que deu para sacar, não? Ou seja, temos a capacidade de formar um sem número de frases na língua (vimos que a *criatividade linguística* é a propriedade da língua que nos permite fazer isso) e essas frases, por sua vez, poderiam ter extensão infinita, já que podemos encaixar uma frase na outra, como vimos acima e como podemos ver nestes exemplos:

(1) O primo da vizinha do amigo do cunhado do colega de João chegou de São Paulo hoje.

(2) Ana acha que Camila disse que Pedro pensa que Maria gosta dele.

Essas frases são *possíveis* de serem formadas, apesar de não serem tão fáceis de serem processadas, por questões de limitação em nossa memória. Mas foi usando elementos recursivos que Drummond escreveu o conhecido poema "Quadrilha", publicado em *Alguma poesia*, de 1930:

> João amava Teresa que amava Raimundo
> que amava Maria que amava Joaquim que amava Lili
> que não amava ninguém.
>
> João foi pra os Estados Unidos, Teresa para o convento,
> Raimundo morreu de desastre, Maria ficou para tia,
> Joaquim suicidou-se e Lili casou com J. Pinto Fernandes
> que não tinha entrado na história.

A recursividade está presente em todas as línguas humanas e para alguns (cf. Hauser, Chomsky & Fitch, 2002; Berwick & Chomsky, 2016) ela é a principal característica da linguagem humana. Alguns contestam essas afirmações e ainda há algum debate sobre o assunto. Por exemplo, o linguista Daniel Everett afirma que a recursividade não é uma propriedade gramatical presente em todas as línguas humanas. Ele estudou a língua amazônica pirahã (ver mito 7: "A língua dos índios é muito rudimentar") e garante que nessa língua não é possível formar frases recursivas. Segundo Everett, é impossível traduzir para o pirahã uma frase como *Pedro disse que João chegou*, por exemplo, porque não há conjunções subordinativas em pirahã. A tradução mais próxima seria algo como "Pedro disse João chegou".

Controvérsias à parte, a recursividade ainda é compreendida como uma das características centrais das línguas humanas (cf. Everett, 2005; Nevins *et al.*, 2009). Não encontramos correlatos diretos em sistemas de comunicação animal. Ou seja, não há qualquer espécie animal, além da nossa, que tenha um mecanismo linguístico que possibilite formar enunciados potencialmente infinitos, por mais sofisticados que sejam alguns meios de comunicação que encontramos no reino animal. Aliás, vejamos alguns casos de sistemas de comunicação bastante sofisticados e já relativamente bem estudados.

Um exemplo de comunicação relativamente complexa pode ser visto em grupos de macacos *Cercopithecus aethiops*.

Esses macacos apresentam ao menos três diferentes sons para alarme contra predadores. De acordo com Krebs & Davies (1996), esses animais têm um grito para alertar contra perigo de predadores rastejantes (como uma cobra), fazendo com que o grupo de macacos fique na ponta dos pés e olhe para o chão; um tipo de som que serve de alerta para uma ameaça no céu (como uma ave de rapina), fazendo com que os macacos

Cercopithecus Aethiops
http://bit.ly/2mThpOZ

do grupo olhem para cima; e um grito que os alerta contra possíveis ataques de leopardo, fazendo com que o grupo de macacos corra e suba nas árvores próximas. Esse exemplo de organização "linguística" representa uma distinção acústico-auditiva entre diferentes tipos de sons dentro de um sistema compartilhado pelos membros de uma comunidade, com atribuição de significado para diferentes tipos de produção sonora.

O que é ainda mais curioso: esses macacos podem dar também um "alarme falso", utilizando seu sistema comunicativo para "mentir". Um estudo de Cheney &

Seyfarth (1990) relatou um caso no qual um macho (Kitui era o nome dele) deu um grito de alarme contra um ataque de leopardo. Como de costume, o grupo se dispersou e subiu rapidamente nas árvores próximas. No entanto, não havia leopardo algum — o que Kitui viu foi outro macaco macho, estranho ao grupo, se aproximando. Após todo o grupo correr para as árvores, Kitui desceu de sua árvore, continuou dando o alarme e foi em direção à árvore onde se encontrava o intruso, alertando assim os demais macacos sobre sua presença e, ao mesmo tempo, mostrando que poderiam descer das árvores, já que aquele era um alarme falso. Interessante, não?

Outro sistema de comunicação relativamente sofisticado é encontrado entre alguns tipos de abelhas. A abelha se comunica através de uma "dança" na colmeia, da seguinte forma: quando uma abelha encontra flores com pólen, retorna à colmeia e começa sua "dança". Nessa dança, ela passa algumas informações importantes, como a posição das flores em relação à colmeia, a posição das flores em relação ao sol e a distância em que as flores com pólen se encontram. A abelha realiza uma série de movimentos curtos e rápidos, de acordo com a informação que quer passar às demais. Na medida em que suas colegas operárias percebem o movimento, elas "decodificam" as informações e descobrem onde está a fonte de pólen. Os movimentos são variados, mostrando que há diferentes combinações entre eles para indicar diferentes locações. Alguns estudos sugerem que até mesmo informações sobre o tipo de flor e a qualidade do pólen são transmitidos nessa "dança" (cf. Benveniste, 1988).

Outros exemplos interessantes de comunicação animal estão entre os chamados primatas superiores (como gorilas, chimpanzés, orangotangos e bonobos), nossos primos mais próximos no reino animal. Na verdade, o que acho mais surpreendente não é a capacidade de comunicação desses primatas em si, mas algumas tentativas que foram feitas para ensinar linguagem verbal a eles. Talvez os dois casos mais conhecidos sejam os do chimpanzé Nim Chimpsky e da gorila Koko (cf. Kennealy, 2007).

Nim Chimpsky, cujo nome é uma homenagem a Noam Chomsky, foi o primeiro chimpanzé a aprender a linguagem de sinais norte-americana. Já a gorila Koko é talvez o caso mais bem-sucedido no aprendizado da linguagem de sinais por um primata. Ela conseguia utilizar mais de mil gestos da linguagem de sinais norte--americana e compreender cerca de 2.000 palavras em inglês (cf. Patterson & Cohn, 1990). Esses primatas conseguem lidar com uma linguagem simbólica e

Os animais têm uma forma de comunicação tão complexa quanto a nossa

Nim Chimpsky
http://bit.ly/2mipE5y

Koko
http://bit.ly/2lYXzO7

criar sentenças, ainda que rudimentares, na língua de sinais norte-americana. Eles têm vontades e opiniões próprias e comunicam-se com seus cuidadores e outras pessoas. Evidentemente, esses experimentos com a linguagem de sinais não refletem os sistemas comunicativos dos animais encontrados na natureza; eles provam, porém, que animais como chimpanzés e gorilas podem aprender "linguagem", ainda que de maneira rudimentar, o que já é muito interessante do ponto de vista linguístico, evolutivo e cognitivo.

Em resumo, parece ser consensual que os animais, de maneira geral, *não* têm uma forma de comunicação tão complexa quanto a nossa. Contudo, não sabemos exatamente como a linguagem surgiu na espécie humana, tampouco se ela poderá ser desenvolvida de alguma maneira em outra espécie animal. Se ela puder aparecer novamente, em outro primata, por exemplo, isso significa que alguns milhares ou centenas de milhares de anos de evolução possam fazer com que outras espécies venham a desenvolver a capacidade da linguagem. O estudo de Cantalupo & Hopkins (2001), por exemplo, mostrou que a área específica do cérebro diretamente relacionada à linguagem, uma área conhecida como *área de Broca* (em homenagem ao seu "descobridor", o médico e antropólogo francês Paul Broca) não é exclusiva à espécie humana. Algumas propriedades relativas à área de Broca, como certa assimetria de tamanho nessa área, com dominância do hemisfério esquerdo do cérebro, também estão presentes em chimpanzés, gorilas e bonobos. Ou seja, se a fala estiver de fato relacionada à área de Broca em nosso cérebro como acreditamos que esteja (cf. Pinker, 2002; Moro, 2008), então não parece impossível que outros primatas que compartilham certas propriedades dessa área possam vir a desenvolver uma linguagem complexa como a nossa.

Para saber mais

A discussão sobre as origens da linguagem e sobre a aproximação entre nossa faculdade da linguagem e os sistemas de comunicação animal está bem presente hoje na literatura linguística. Apesar de ser praticamente consensual a ideia de que nossa linguagem não encontra correlatos semelhantes no reino animal, ainda está aberta a agenda de investigação sobre a evolução linguística não apenas no *homo sapiens sapiens*, como no reino animal de maneira geral. Nesse sentido, recomendo algumas leituras: Chomsky (1973, 2005, 2006), De Waal (1990), Hauser (1996, 2014), Aitchison (1998), Cavalli-Sforza (2000), Burne (2001), Pinker (2002), Tomasello (2003), Franchetto & Leite (2004), Klein & Edgar (2005), Crystal (2006b), Yang (2006), Kenneally (2007), Fischer (2009), Larson *et al.* (2010), Everett (2012), Deutscher (2014), Berwick & Chomsky (2016), França *et al.* (2016).

MITO 10

No futuro contaremos com um tradutor automático universal que traduzirá automaticamente qualquer frase de qualquer língua

Ao contrário dos demais mitos deste livro, este não é propriamente um mito, que pode ser confirmado ou desconstruído. Aqui estamos diante de um exercício de previsão do futuro. E como toda previsão, esta aqui também é incerta. Certo é que as áreas da linguística computacional e do processamento de linguagem natural avançaram muitíssimo nos últimos cinquenta anos (cf. Vieira, 2004; Othero & Menuzzi, 2005). Os avanços nessas áreas permitiram, entre outras coisas, que a interação entre pessoas e computadores fosse facilitada. Talvez você não lembre que, há alguns anos, se quiséssemos copiar um arquivo do Word de nossa pasta de documentos para um disquete (o disquete é uma espécie de avô do *pen drive*; um dispositivo portátil de armazenamento de dados), precisávamos escrever as seguintes linhas de comando no sistema operacional do computador:

```
C:\> cd documentos
C:\documentos> copy trabalho.doc a:\
```

Hoje, não precisamos aprender nenhuma linguagem de programação para lidar com um computador. E isso aconteceu especialmente por dois motivos: primeiro, porque os computadores contam com uma interface gráfica que não existia àquela época, o que nos possibilita, por exemplo, selecionar (com o dedo ou com o auxílio do *mouse*) qualquer arquivo e arrastá-lo, literalmente, de seu ponto de origem até seu destino (ao invés de digitar as linhas de comando exemplificadas acima). Segundo, porque invertemos a tendência dos primeiros anos dos computadores pessoais: ao invés de nós, humanos, termos de aprender uma nova "língua" para nos comunicarmos com o computador (tal como "copy trabalho.doc a:\"), agora é o computador que interage conosco através de uma língua humana, como o português. Por isso, já podemos dar vários comandos verbais a computadores, *tablets* e celulares, tais como "Copie meu arquivo 'trabalho' para o *pen drive*" ou "Verifique meus *e-mails*" (na verdade, ainda não temos essa tecnologia tão avançada em língua portuguesa, mas já contamos com muitos recursos que nos permitem dar comandos orais às máquinas, em especial aos telefones celulares mais recentes, os *smartphones*).

Essa tendência de "ensinar uma língua a um computador" é encabeçada por pesquisadores de várias áreas relacionadas ao desenvolvimento da tecnologia, em especial os pesquisadores das áreas de linguística computacional e processamento de linguagem natural. Além do trabalho de aperfeiçoar a interação entre as máquinas e a gente, uma das tarefas de destaque nessas áreas sempre foi a tradução automática. Na verdade, a tradução automática foi provavelmente a primeira grande tarefa da linguística computacional, lá pelos anos 1950, como nos relata Grisham (1992: 1):

> O potencial [dos computadores] para o processamento de linguagem natural foi reconhecido bem cedo no desenvolvimento de computadores, e trabalhos em linguística computacional — basicamente para tradu-

ção automática — começaram na década de 1950 em diversos centros de pesquisa. O rápido crescimento na área, no entanto, aconteceu principalmente a partir do final dos anos 1970.

É uma tarefa tanto antiga quanto atual. Afinal, ainda não chegamos ao ponto de contar com um tradutor automático que consiga traduzir automaticamente qualquer frase de qualquer língua com perfeição. Para sermos honestos, não sabemos exatamente o que pode significar perfeição em tradução, ou seja, o que representa uma suposta "tradução perfeita". Mas o fato é que os tradutores automáticos ainda não chegaram ao mesmo nível de tradutores humanos experientes. Até hoje, salvo melhor juízo, não há disponível no mercado nenhum programa que consiga traduzir um texto do inglês para o português, por exemplo, com o mesmo nível de acurácia alcançado por um tradutor humano experiente. E isso se deve à complexidade e à riqueza das línguas humanas, que resistem a se entregar à formalização do computador (ver mitos 2, 4 e 7, sobre a complexidade das línguas humanas).

Contudo, contradizendo o parágrafo anterior, devemos admitir que os programas de tradução automática estão cada vez mais perto de atingir esse objetivo de se equiparar a bons tradutores humanos, e as traduções propostas por boas ferramentas de tradução automática são surpreendentemente inteligíveis, especialmente se estivermos traduzindo textos técnico-científicos. Vejamos um exemplo concreto: peguemos o supracitado trecho de Grisham (1992) e comparemos duas traduções desse trecho: uma feita por um humano (eu) e outra feita por um tradutor automático (o Google Tradutor). Veja abaixo a tradução de cada uma das duas frases citadas acima: na primeira linha, coloquei o trecho original, em inglês; na segunda linha está a tradução feita por mim (alguém com certa experiência na tradução de textos do inglês); e, na terceira linha, a tradução feita pelo Google Tradutor, que é um bom tradutor automático e pode ser consultado gratuitamente *online* (acesse essa ferramenta em https://translate.google.com). Separei as duas frases do trecho para facilitar a visualização:

> The potential for natural language processing was recognized quite early in the development of computers, and work in computational linguistics — primarily for machine translation — began in the 1950s at a number of research centers. The rapid growth in the field, however, has taken place mostly since the late 1970s.

- Frase 1:

1	The potential for natural language processing was recognized quite early in the development of computers, and work in computational linguistics — primarily for machine translation — began in the 1950s at a number of research centers.
2	O potencial para o processamento de linguagem natural foi reconhecido bem cedo no desenvolvimento de computadores, e trabalhos em linguística computacional — basicamente para tradução automática — começaram na década de 1950 em diversos centros de pesquisa.
3	O potencial para o processamento da linguagem natural foi reconhecido muito cedo no desenvolvimento de computadores e o trabalho em linguística computacional — principalmente para a tradução automática — começou nos anos 50 em vários centros de pesquisa.

- Frase 2:

1	The rapid growth in the field, however, has taken place mostly since the late 1970s.
2	O rápido crescimento na área, no entanto, aconteceu principalmente a partir do final dos anos 1970.
3	O rápido crescimento no campo, no entanto, ocorreu principalmente desde o final dos anos 1970.

Surpreendente, não?

Contudo, a coisa ainda se complica um pouco quando tentamos usar uma ferramenta de tradução automática para traduzir textos literários, como romances, contos ou poemas (cf. Hutchins, 2000; Voigt & Jufrasky, 2012). Novamente, façamos o teste com o Google Tradutor. Aqui vão duas frases do romance *Razão e sensibilidade*, de Jane Austen, originalmente publicado em 1811. Na linha 1, está o trecho original em inglês (que retirei do capítulo XXIV: 144, da minha versão da Penguin Books, publicada em 1994); na linha 2, coloquei o trecho da tradução publicada pela mesma Penguin Books aqui no Brasil, em 2012 (que se encontra na página 234); finalmente, na linha 3, está a versão do Google Tradutor.

1	'Tis because you are an indifferent person,' said Lucy, with some pique, and laying a particular stress on those words, 'that your judgment might justly have such weight with me. If you could be supposed to be biassed in any respect by your own feelings, your opinion would not be worth having.'
2	"Justamente por não estar envolvida", disse Lucy, com certa ironia, depositando uma ênfase especial nessas palavras, "sua opinião tem valor para mim. Se a senhorita pudesse ter qualquer viés, por conta de seus próprios sentimentos, sua opinião não teria tanta importância".
3	É porque você é uma pessoa indiferente — disse Lucy, com um pouco de piqué, e colocando um estresse especial nessas palavras — que seu julgamento poderia justamente ter tanto peso comigo. Se você poderia ser suposto ser bissed em qualquer respeito por seus próprios sentimentos, sua opinião não valeria a pena ter.

Se antes não pudemos perceber uma diferença significativa entre a tradução humana e a automática (confesso que considero um empate entre mim e o Google Tradutor na tradução daquele trecho do

Grisham), aqui a diferença entre as duas traduções chama a atenção. E o tradutor humano sai ganhando na comparação, pois ele pode jogar um pouco com a ordem de palavras na frase e não precisa se ater a uma tradução literal de cada palavra, mantendo o mesmo significado global original. A prosa literária e a poesia ainda são o calcanhar de Aquiles da tradução automática (cf. Toral & Way, 2014). Contudo, as ferramentas de tradução disponíveis hoje já contam com um nível de acurácia muito satisfatório e podem ser ferramentas úteis para os tradutores humanos, inclusive (cf. Alfaro & Dias, 1998; Sarmento *et al.*, 2007).

Como reagir a este último "mito" então? No nosso exercício imaginativo de futuro, podemos ter um *educated guest*, i.e. um bom palpite (ou uma "adivinhação educada", como sugere o Google Tradutor), se acompanharmos a história dos desenvolvimentos das áreas de linguística computacional e processamento da linguagem natural, especialmente no que diz respeito ao desenvolvimento de ferramentas de tradução automática. É muito plausível pensarmos que, em breve, teremos à nossa disposição uma ferramenta de tradução que consiga traduzir com a mesma *expertise* de um bom tradutor humano textos de uma língua para outra, especialmente se estivermos lidando com línguas já amplamente estudadas, como português, inglês, alemão, francês, espanhol, japonês etc. Contudo, sabemos que hoje são faladas cerca de 5.000 a 6.000 línguas no mundo (Comrie *et al.* 1997) — e apenas umas poucas terão essa tecnologia a seu alcance.

Para saber mais

A história das áreas de linguística computacional e processamento de linguagem natural (e também dos estudos de tradução automática) é muito interessante para quem se interessa por uma abordagem formal no estudo das línguas, pois é preciso compreender certos padrões de funcionamento das línguas naturais humanas de maneira muito detalhada e precisa para que possamos "implementar", de certa forma, esse conhecimento em um sistema computacional qualquer. Deixo aqui alguma bibliografia sobre o assunto: Nijholt (1988), Beardon, Lumsden & Holmes (1991), Hutchins (2000), Vieira & Lima (2001), Arnold (2002), Vieira (2004), Nunes *et al.* (2005), Othero & Menuzzi (2005), Maia & Barreiro (2007), Sarmento (2007), Sarmento *et al.* (2007), Silva (2007), Martins (2008), Barreiro *et al.* (2014).

Referências

ABAURRE, M. B. M. (1999). Horizontes e limites de um programa de investigação em aquisição da escrita. In: LAMPRECHT, R. R. (org.). *Aquisição da linguagem: questões e análises*. Porto Alegre: Edipucrs.
AITCHISON, J. (1998). *O mamífero articulado: uma introdução à psicolinguística*. Lisboa: Instituto Piaget.
ALFARO, C.; DIAS, M. C. P. (1998). Tradução automática: uma ferramenta de auxílio ao tradutor. *Cadernos de Tradução*, v. 3, n. 1. Florianópolis: UFSC/PGET.
ALKMIM, T.; CAMACHO, R. (2001). Sociolinguística. In: MUSSALIM, F.; BENTES, A. C. (orgs.). *Introdução à linguística: domínios e fronteiras*. São Paulo: Cortez.
AMARAL, A. (1976). *O dialeto caipira*. São Paulo: HUCITEC, Secretaria de Cultura, Ciência e Tecnologia.
AMARAL, M. P; CORDOBA, A. S. (2016). Atitudes linguísticas de universitários sobre o discurso dos outros. *ReVEL*, edição especial, n. 12.
ANDERSSON, L-G. (1998). Some Languages are Harder than Others. In: BAUER, L.; TRUDGILL, P. *Language Myths*. Londres: Penguin Books.

ANDRADE, L. C.; LESSA DE OLIVEIRA, A. S. C. (2007). Um processo fonológico na aquisição da língua escrita. In: PACHECO, V.; SAMPAIO, N. F. S. (orgs.). *Pesquisa em estudos da linguagem IV*. Vitória da Conquista: Edições Uesb.

ARNOLD, D. (2002). *Machine Translation: An Introductory Guide*. Essex: University of Essex.

AZEREDO, J. C. (2015). Sintaxe normativa tradicional. In: OTHERO, G. A.; KENEDY, E. *Sintaxe, sintaxes: uma introdução*. São Paulo: Contexto.

_____. (2008). *Gramática Houaiss da língua portuguesa*. São Paulo: Publifolha.

BACHE, C. (1978). *The Order of Premodifying Adjectives in Present-Day English*. Odense: Syddansk Universitetsforlag.

BAGNO, M. (2015). *Preconceito linguístico: o que é, como se faz*. São Paulo: Parábola Editorial.

_____. (2012). *Gramática pedagógica do português brasileiro*. São Paulo: Parábola Editorial.

_____. (2009). *Não é errado falar assim! Em defesa do português brasileiro*. São Paulo: Parábola Editorial.

_____. (2007). *Nada na língua é por acaso: por uma pedagogia da variação linguística*. São Paulo: Parábola Editorial.

_____. (2003). *A norma oculta: língua & poder na sociedade brasileira*. São Paulo: Parábola Editorial.

_____. (2001). *Português ou brasileiro? Um convite à pesquisa*. São Paulo: Parábola Editorial.

BARNES, J. D. (2006). *Early Trilingualism: A Focus on Questions*. Bristol: Multilingual Matters.

BARREIRO, A. *et al*. (2014). Projetos sobre tradução automática do português no laboratório de sistemas de língua falada do INESC-ID. *Linguamática*, v. 6, n. 2.

BATTISTI, E. (2014a). Fonologia. In: SCHWINDT, L. C. (org.) *Manual de linguística: fonologia, morfologia e sintaxe*. Petrópolis: Vozes.

_____. (2014b). Redes sociais, identidade e variação linguística. In: KOFREITEG, R. M. (org.). *Metodologia de coleta e manipulação de dados em sociolinguística*. São Paulo: Edgard Blücher.

BAUER, L.; TRUDGILL, P. (1998). *Language Myths*. Londres: Penguin Books.

Referências

BEARDON, C.; LUMSDEN, D.; HOLMES, G. (1991). *Natural Language and Computational Linguistics: An Introduction.* Londres: Ellis Horwood.

BENNET, J. (2015). How Not to Be 'Manterrupted' in Meetings. *Time on Line.* Disponível em: http://time.com/3666135/sheryl-sandberg-talking-while-female-manterruptions/; acesso: 3 mar. 2017.

BENVENISTE, É. (1988). *Problemas de linguística geral I.* Campinas: Pontes.

BERWICK, R. C.; CHOMSKY, N. (2016). *Why Only Us: Language and Evolution.* Cambridge, Mass: MIT Press.

BIALYSTOK, E. *et al.* (2004). Bilingualism, Aging, and Cognitive Control: Evidence from the Simon Task. *Psychology and Aging,* v. 19, n. 2.

_____. (2012). Bilingualism: Consequences for Mind and Brain. *Trends in Cognitive Sciences,* v. 16, n. 4.

BILLIG, J. D.; FINGER, I. (2016). Bilinguismo como potencial proteção contra o declínio da memória de trabalho no envelhecimento. *Signo,* v. 41, n. 71.

BIRDSONG, D. (org.) (2006). Age and Second Language Acquisition and Processing: A Selective Overview. *Language Learning,* v. 56, n. s1.

_____. (2005). Interpreting Age Effects in Second Language Acquisition. In: KROLL, J. F.; DE GROOT, A. (orgs.) *Handbook of Bilingualism: Psycholinguistic Approaches.* Oxford: Oxford University Press.

_____. (1999). *Second Language Acquisition and the Critical Period Hypothesis.* Londres: Routledge.

BISOL, L.; BATTISTI, E. (2014). *O português falado no Rio Grande do Sul.* Porto Alegre: Edipucrs.

BOAS, F. (2010). *A mente do ser humano primitivo.* Rio de Janeiro: Vozes.

BOECKX, C.; LONGA, V. M. (2011). Lenneberg's Views on Language Development and Evolution and their Relevance for Modern Biolinguistics. *Biolinguistics,* v. 5, n. 3.

BORBA, F. S. (org.) (2002). *Dicionário de usos do português do Brasil.* São Paulo: Ática.

BORTONI-RICARDO, S. M. (1984). Problemas de comunicação interdialetal. *Tempo Brasileiro,* n. 78/79.

BRESCANCINI, C.; MONARETTO, V. (2008). Os róticos no sul do Brasil: panorama e generalizações. *Signum: Estudos Linguísticos,* n. 11.

BRITTO, L. P. L. (2005). *Letramento no Brasil.* Curitiba: IESDE Brasil.

BRITTO, L. P. L. (1997). *A sombra do caos: ensino de língua versus tradição gramatical*. Campinas: Mercado de Letras.

BUCHOLTZ, M.; LIANG, A. C.; SUTTON, L. A. (1999). *Reinventing Identities: The Gendered Self in Discourse*. Oxford: Oxford University Press.

BURNE, D. (2001). *Fique por dentro da evolução*. São Paulo: Cosac & Naify Edições.

CABRAL, A. S.; RODRIGUES, A. D. (2002). Línguas indígenas brasileiras: fonologia, gramática e história. *Atas do I Encontro Internacional do Grupo de Trabalho sobre Línguas Indígenas da ANPOLL*, tomo I. Belém: EDUFPA.

CAGLIARI, L. C. (2006). Fonética: uma entrevista com Luiz Carlos Cagliari. *ReVEL*, vol. 4, n. 7.

_____. (2000). *Alfabetização e linguística*. São Paulo: Scipione.

_____. (1999). *Alfabetização sem o ba-be-bi-bo-bu*. São Paulo: Scipione

CALLOU, D.; LEITE, Y. (1990). *Iniciação à fonética e fonologia*. Rio de Janeiro: Jorge Zahar.

CALLOU, D.; MORAES, J. A.; LEITE, Y. (2013). Consoantes em coda silábica: /s, r, l/. In: ABAURRE, M. B. M. *Gramática do português culto falado no Brasil*. Vol. VII: *A construção fonológica da palavra*. São Paulo: Contexto.

CAMARA JR., J. M. (1970). *Estrutura da língua portuguesa*. Petrópolis: Vozes.

_____. (1965). *Introdução às línguas indígenas brasileiras*. Rio de Janeiro: Museu Nacional.

CANTALUPO, C.; HOPKINS, W. D. (2001). Nature Asymmetric Broca's Area in Great Apes. *Nature*, n. 414, p. 505.

CARDOSO, S. A. M. (2010). *Geolinguística: tradição e modernidade*. São Paulo: Parábola Editorial.

_____. (2009). Projeto Atlas Linguístico do Brasil – Projeto ALiB: descrição e estágio atual. *Revista da ABRALIN*.

CARDOSO, S. A. M; MOTA, J. A.; AGUILERA, V. A.; ARAGÃO, M. S. S.; ISQUERDO, A. N.; RAZKY, A.; MARGOTTI, F. W. (2014a). *Atlas linguístico do Brasil*, v. 2. Londrina: Eduel.

CARDOSO, S. A. M; MOTA, J. A.; AGUILERA, V. A.; ARAGÃO, M. S. S.; ISQUERDO, A. N.; RAZKY, A.; MARGOTTI, F. W.; ALTENHOFEN, C. V. (2014b). *Atlas linguístico do Brasil*, v. 1. Londrina: Eduel.

CARNEY, E. (1998). English Spelling is Kattastroffik. In: BAUER, L.; TRUDGILL, P. *Language Myths*. Londres: Penguin Books.

CARVALHO, F. O.; ARAGON, C. C. (2009). Vowel Acoustics in Akuntsú: Dispersion and Non-Modal Phonation. *ReVEL*, edição especial, n. 3.

CASTILHO, A. T. (2010). *Nova gramática do português brasileiro*. São Paulo: Contexto.

_____. (2002). Apresentação — projeto de gramática do português falado. In: CASTILHO, A. T. (org.). *Gramática do português falado*. Vol. I: *A ordem*. Campinas: Editora da Unicamp.

_____. (2000). *A língua falada no ensino de português*. São Paulo: Contexto.

CAVALLI-SFORZA, L. L. (2000). *Genes, povos e línguas*. São Paulo: Companhia das Letras.

CAZAL, Y.; PARUSSA, G. (2015). *Introduction à l'histoire de l'orthographe*. Paris: Armand Colin.

CEGALLA, D. P. (1996). *Novíssima gramática da língua portuguesa*. São Paulo: Editora Nacional.

CHEMALY, S. (2014). 10 Words Every Girl Should Learn. *The Huffington Post*. Disponível em: http://www.huffingtonpost.com/soraya-chemaly/10-words-every-girl-should-learn_b_5544203.html/; acesso: 3 mar. 2017.

CHENEY, D. L.; SEYFARTH, R. M. (1990). *How Monkeys See the World*. Chicago: University of Chicago Press.

CHOMSKY, N. (2014). *A ciência da linguagem*. São Paulo: Unesp.

_____. (2006). *Sobre natureza e linguagem*. São Paulo: Martins Fontes.

_____. (2005). *Novos horizontes no estudo da linguagem e da mente*. São Paulo: Unesp.

_____. (1973). *Linguagem e pensamento*. Petrópolis: Vozes.

COLLISCHONN, G. (2014). Vocalização de L. In: BISOL, L.; BATTISTI, E. (orgs.). *O português falado no Rio Grande do Sul*. Porto Alegre: Edipucrs.

COLLISCHONN, G.; MONARETTO, V. (2012). Banco de dados VARSUL: a relevância de suas características e a abrangência de seus resultados. *ALFA: Revista de Linguística*, v. 56, n. 3.

COMRIE, B.; MATTHEWS, S.; POLINSKY, M. (1997). *The Atlas of Languages: The Origin and Development of Languages Throughout the World*. Nova York: Bloomsbury.

CRISTÓFARO SILVA, T. (2002). *Fonética e fonologia do português: roteiro de estudos e guia de exercícios*. São Paulo: Contexto.

CRYSTAL, D. (2006a). Dialects. In: CRYSTAL, D. *How Language Works*. Nova York: The Overlook Press.

_____. (2006b). Written Language. In: CRYSTAL, D. *How Language Works*. Nova York: The Overlook Press.

_____. (2006c). How Language Began. In: CRYSTAL, D. *How Language Works*. Nova York: The Overlook Press.

CUNHA, C.; CINTRA, L. (2013). *Nova gramática do português contemporâneo*. Rio de Janeiro: Lexicon.

CUNHA, C. (2000). *Entoação regional do português do Brasil*. Tese de doutorado. Rio de Janeiro: UFRJ, Faculdade de Letras.

DE HOUWER, A. (2005). Bilinguismo: uma entrevista com Annick De Houwer. *ReVEL*, v. 3, n. 5.

DE WAAL, F. (1990). *Peacemaking among Primates*. Cambridge: Harvard University Press.

DeLANCEY, S. (2001). On Functionalism. In: DeLANCEY, S. *Lectures on Functional Syntax: Seminar for the LSA Summer Institute*. Santa Barbara: University of California.

DEUTSCHER, G. (2014). *O desenrolar da linguagem*. Campinas: Mercado de Letras.

D'INTRONO, F.; DEL TESO MARTÍN, E.; WESTON, R. (1995). *Fonética y fonología actual del español*. Madri: Cátedra.

DUARTE, M. E. L. (1989). Clítico acusativo, pronome lexical e categoria vazia no português do Brasil. In: TARALLO, F. (org.). *Fotografias sociolinguísticas*. Campinas: Pontes.

EHRMAN, M. (1996). An Exploration of Adult Language Learner Motivation, Self-Efficacy, and Anxiety. In: OXFORD, R. L. *Language Learning Motivation: Pathways to the New Century*. Manoa: University of Hawaii, National Foreign Language Resource Centre.

ESLING, J. H. (1998). Everyone Has an Accent Except Me. IN: BAUER, L.; TRUDGILL, P. *Language Myths*. Londres: Penguin Books.

EVERETT, D. L. (2012). *Language: The Cultural Tool*. Nova York: Pantheon Books.

EVERETT, D. L. (2008). *Don't Sleep: There are Snakes. Life and Language in the Amazonian Jungle*. Nova York: Pantheon Books.

EVERETT, D. L. (2005). Cultural Constraints on Grammar and Cognition in Pirahã: Another Look at the Design Features of Human Language. *Current Anthropology*, v. 46, n. 4.

_____. (1986). Pirahã. In: DERBYSHIRE, D. C.; PULLUM, G. K. (orgs.). *Handbook of Amazonian languages 1*. Berlim: Mouton de Gruyter.

FARACO, C. A. (2011). O Brasil entre a norma culta e a norma curta. In: LAGARES, X.; BAGNO, M. (orgs.). *Políticas da norma e conflitos linguísticos*. São Paulo: Parábola Editorial.

_____. (2009). *Novo acordo ortográfico*. São Paulo: Parábola Editorial.

_____. (2008). *Norma culta brasileira: desatando alguns nós*. São Paulo: Parábola Editorial.

_____. (2006). Ensinar x não ensinar gramática: ainda cabe essa questão? *Calidoscópio*, v. 4, n. 1.

_____. (2003). *Escrita e alfabetização*. São Paulo: Contexto.

_____. (2001). A questão da língua: revisitando Alencar, Machado de Assis e cercanias. *Língua e instrumentos linguísticos*, n. 7.

FARACO, C. A.; VIEIRA, F. E. (orgs.) (2016). *Gramáticas brasileiras: com a palavra, os leitores*. São Paulo: Parábola Editorial.

FISCHER, S. R. (2009). *Uma breve história da linguagem: introdução à origem das línguas*. Osasco: Novo Século.

FRANÇA, A. I.; FERRARI, L.; MAIA, M. (2016). O que é linguística? In: FRANÇA, A. I.; FERRARI, L.; MAIA, M. *A linguística no século XXI: convergências e divergências no estudo da linguagem*. São Paulo: Contexto.

FRANCHETTO, B. (org.) (2011) *Alto Xingu: uma sociedade multilíngue*. Rio de Janeiro: Museu do Índio — FUNAI.

FRANCHETTO, B.; LEITE, Y. (2004). *Origens da linguagem*. Rio de Janeiro: Jorge Zahar.

FREITAG, R. M. K.; MARTINS, M. A.; TAVARES, M. A. (2012). Bancos de dados sociolinguísticos do português brasileiro e os estudos de terceira onda: potencialidades e limitações. *Alfa: Revista de Linguística*, v. 56, n. 3.

GALUCIO, A. V. (2014). Estrutura argumental e alinhamento gramatical em mekens. In: STORTO, L.; FRANCHETTO, B.; LIMA, S. *Sintaxe e semântica do verbo em línguas indígenas no Brasil*. São Paulo: Mercado de Letras.

GIVÓN, T. (1993). *English Grammar: A Function-Based Introduction*, v.1. Filadélfia: John Benjamins.

GLEDHILL, C. (1998). *The Grammar of Esperanto: A Corpus-Based Description*. Munique: Lincom Europa.

GNERRE, M. (1985). *Linguagem, escrita e poder*. São Paulo: Martins Fontes.

GÓMEZ, D. R. (2016). *Language Teaching and the Older Adult: The Significance of Experience*. Bristol: Multilingual Matters.

GRISHAM, R. (1992). *Computational Linguistics: An Introduction*. Cambridge: Cambridge University Press.

GUEDES, P. C. (2006). *A formação do professor de português: que língua vamos ensinar?* São Paulo: Parábola Editorial.

HANCOCK, A. B.; RUBIN, B. A. (2014). Influence of Communication Partner's Gender on Language. *Journal of Language and Social Psychology*, v. 34, n. 1, p. 46-64.

HARLOW, R. (1998). Some Languages are Just Not Good Enough. In: BAUER, L.; TRUDGILL, P. *Language Myths*. Londres: Penguin Books.

HASPELMATH, M.; DRYER, M.; GIL, D.; COMRIE, B. (orgs.) (2005). *The World Atlas of Language Structures*. Oxford: Oxford University Press.

HAUSER, M. D. (1996). *The Evolution of Communication*. Cambridge: MIT Press.

HAUSER, M. D.; CHOMSKY, N.; FITCH, W. T. (2002). The Faculty of Language: What Is It, Who Has It, and How Did It Evolve? *Science*, n. 298.

HAUSER, M. D. *et al.* (2014). The Mystery of Language Evolution. *Frontiers in Psychology*, v. 5.

HAUY, A. B. (1983). *Da necessidade de uma gramática padrão da língua portuguesa*. São Paulo: Ática.

HENRIQUES, C. C. (2009). *Nomenclatura gramatical brasileira: 50 anos depois*. São Paulo: Parábola Editorial.

HIGOUNET, C. (2003). *História concisa da escrita*. São Paulo: Parábola Editorial.

HOLMES, J. (2013). *Women, Men and Politeness*. Routledge.

_____. (1998). Women Talk Too much. In: BAUER, L.; TRUDGILL, P. *Language Myths*. Londres: Penguin Books.

HOLMES, J.; MEYERHOFF, M. (orgs.) (2008). *The Handbook of Language and Gender*. John Wiley & Sons.

HUTCHINS, W. J. (2000). Machine Translation. In: CLASSE, O. (org.) *Encyclopedia of Literary Translation into English*. Londres: Fitzroy Dearborn Publishers.

ILARI, R.; BASSO, R. (2006). *O português da gente*. São Paulo: Contexto.

JAMES, D.; DRAKICH, J. (1993). *Understanding Gender Differences in Amount of Talk: A Critical Review of Research*. In: TANNEN, D. (org.). *Gender and Conversational Interaction*. Nova York: Oxford University Press.

KATO, M. A. (1987). *No mundo da escrita: uma perspectiva psicolinguística*. São Paulo: Ática.

KENEDY, E. (2016). O *status* da norma culta na língua dos brasileiros e seu respectivo tratamento na escola: algumas contribuições de estudos formalistas à educação. In: GUESSER, S. (org.). *Linguística: pesquisa e ensino*. Boa Vista: EdUFRR.

KENNEALLY, C. (2007). *The First Word: The Search for the Origins of Language*. Nova York: Penguin Books.

KLEIN, H. M.; STARK, L. R. (orgs.) (1985). *South American Indian Languages: Retrospect and Prospect*. Austin: University of Texas Press.

KLEIN, R. G.; EDGAR, B. (2005). *O despertar da cultura: a polêmica teoria sobre a origem da criatividade humana*. Rio de Janeiro: Jorge Zahar.

KOTOWSKI, S. (2016). *Adjectival Modification and Order Restrictions: The Influence of Temporariness on Prenominal Word Order*. Berlim: Walter de Gruyter.

KRAMARAE, C.; SPENDER, D. (2004). *Routledge International Encyclopedia of Women: Global Women's Issues and Knowledge*. Routledge.

KREBS, J. R.; DAVIES, N. B. (1996). *Introdução à ecologia comportamental*. São Paulo: Atheneu.

KUHL, P. (2010). *A genialidade linguística dos bebês*. TED Talk. Disponível em: www.ted.com/talks/patricia_kuhl_the_linguistic_genius_of_babies?language=pt-br#t-76698; acesso: 3 mar. 2017.

KUHL, P. *et al.* (2006). Linguistic Experience Alters Phonetic Perception in Infants by 6 Months of Age. *Foundations of Pediatric Audiology*, v. 255, n. 5044, p. 606-608.

KUHL, P. (2004). Early Language Acquisition: Cracking the Speech Code. *Nature Reviews Neuroscience*, v. 5, n. 11.

LABOV, W. (2008). *Padrões sociolinguísticos*. São Paulo: Parábola Editorial.

_____. (2006). *The Social Stratification of English in New York City*. Cambridge: Cambridge University Press.

LADEFOGED, P.; DISNER, S. F. (2012). *Vowels and Consonants*. Oxford: Blackwell.

LAGARES, X. C.; BAGNO, M. (2011). *Políticas da norma e conflitos linguísticos*. São Paulo: Parábola Editorial.

LAKOFF, R. (1975). *Language and Women's Place*. Nova York: Harper and Row.

LARSON, R. K.; DÉPREZ, V.; YAMAKIDO, H. (2010). *The Evolution of Human Language*. Cambridge: Cambridge University Press.

LEECH, G.; SVARTVIK, J. (2013). *A Communicative Grammar of English*. Londres: Routledge.

LEITE, C. M. B. (2010). *O /R/ em posição de coda silábica no falar campineiro*. Tese de doutorado. Campinas: Universidade Estadual de Campinas.

LEITE, Y.; CALLOU, D. (2002). *Como falam os brasileiros*. Rio de Janeiro: Jorge Zahar.

LEITE, Y.; FRANCHETTO, B. (2006). 500 anos de línguas indígenas no Brasil. In: CARDOSO, S. A. M.; MOTA, J. A.; MATTOS E SILVA, R. V. (orgs). *Quinhentos anos de história linguística do Brasil*. Salvador: Secretaria da Cultura e Turismo do Estado da Bahia.

LEMLE, M. (1987). *Guia teórico do alfabetizador*. São Paulo: Ática.

LENNEBERG, E. (1967). *Biological Foundations of Language*. Nova York: Wiley.

_____. (1964). The Capacity for Language Acquisition. In: FODOR, J.; KATZ, J. (orgs.). *The Structure of Language: Readings in the Philosophy of Language*. Englewood Cliffs: Prentice Hall.

LIGHTBOWN, P. M.; SPADA, N. (1993). *How Languages are Learned*. Oxford: Oxford University Press.

LIGHTFOOT, D. (1982). *The Language Lottery: Toward a Biology of Grammars*. Cambridge: MIT Press.

LIGUORI, M. (2015). O machismo também mora nos detalhes. *Think Olga*. Disponível em: http://thinkolga.com/2015/04/09/o-machismo-tambem-mora-nos-detalhes/; acesso: 3 mar. 2017.

LONG, M. H. (1990). Maturational Constraints on Language Development. *Studies in Second Language Acquisition*, v. 12, n. 3, p. 251-285.

LOPEZ, D. C.; DITTRICH, I. J. (2005). Identidade linguística: regionalização ou padronização? *SOPCOM 2005: 4º Congresso da Associação Portuguesa de Ciências da Comunicação*.

LUFT, C. P. (1999). *Língua e liberdade*. São Paulo: Ática.

LYONS, J. (1981). *Language and Linguistics: An Introduction*. Cambridge: Cambridge University Press.

MAIA, B.; BARREIRO, A. (2007). Uma experiência de recolha de exemplos classificados de tradução automática de inglês para português. In: SANTOS, D. *Avaliação conjunta: um novo paradigma no processamento computacional da língua portuguesa*. Lisboa: IST Press.

MARCELINO, M. (2009). Bilinguismo no Brasil: significado e expectativas. *Revista Intercâmbio*, v. 19.

MARCUSCHI, L. A. (2001). *Da fala para a escrita: atividades de retextualização*. São Paulo: Cortez.

MARROQUIM, M. (1934). *A língua no nordeste (Alagoas e Pernambuco)*. São Paulo: Companhia Editora Nacional.

MARTINS, R. T. (2008). Tradução automática. *Revista Todas as Letras*, n. 2, v. 10.

MASSINI-CAGLIARI, G.; CAGLIARI, L. C. (1999). *Diante das letras: a escrita na alfabetização*. Campinas: Mercado de Letras.

MASSINI-CAGLIARI, G.; CAGLIARI, L. C.; REDENBARGER, W. (2016). A Comparative Study of the Sounds of European and Brazilian Portuguese: Phonemes and Allophones. In: WETZELS, L.; COSTA, J.; MENUZZI, S. *The Handbook of Portuguese Linguistics*. Oxford: Blackwell.

McCULLOCH, G. (2014). What Happens if a Child is Never Exposed to Language? *Slate Magazine*. Disponível em: http://www.slate.com/blogs/lexicon_valley/2014/07/16/children_not_exposed_to_language_nicaraguan_sign_language_wild_children.html; acesso: 10 mar. 2017.

McLEOD, R. (1974). Fonemas xavánte. *Série Linguísticas*, v. 3.

McLEOD, R.; MITCHELL, V. (2003). *Aspectos da língua xavante*. Cuiabá: SIL Publications.

McWHORTER, J. (2001). *The Power of Babel: A Natural History of Language*. Londres: Random House.

McWHORTER, J. (2008). *Understanding Linguistics: The Science of Language*. Chantilly: The Teaching Company.

MEDEIROS, A. L. (2006). *Sotaques na TV*. São Paulo: Annablume.

MEDEIROS E ALBUQUERQUE, J. J. C. C. (1981). *Quando eu era vivo*. Rio de Janeiro: Record.

MEKALA, S. et al. (2013). Age of Onset of Dementia is Delayed by Multilingualism and Advanced by Stroke and Rural Dwelling Independently. *Journal of the Neurological Sciences*, v. 333.

MENDES, R. B. (2013). Língua e variação. In: FIORIN, J. L. (org.) *Linguística? O que é isso?* São Paulo: Contexto.

MENUZZI, S. M. (1992). *Sobre a modificação adjetival em português*. Dissertação de mestrado. Campinas: Universidade Estadual de Campinas.

MILROY, J. (2011). Ideologias linguísticas e as consequências da padronização. In: LAGARES, X.; BAGNO, M. (orgs.) *Políticas da norma e conflitos linguísticos*. São Paulo: Parábola Editorial.

_____. (1998). Children Can't Speak or Write Properly Any More. In: BAUER, L.; TRUDGILL, P. *Language Myths*. Londres: Penguin Books.

MONARETTO, V. (2014). Realizações de R. In: BISOL, L.; BATTISTI, E. *O português falado no Rio Grande do Sul*. Porto Alegre: Edipucrs.

MONROY CASAS, R. (1980). *Aspectos fonéticos de las vocales españolas*. Madri: Sociedad General Española de Librería.

MONTEIRO, J. L. (1994). *Pronomes pessoais: subsídios para uma gramática do português do Brasil*. Fortaleza: EUFC.

MOORE, D. (2005). *Brazil: Language Situation*. Amsterdam: Elsevier.

MORAES, J. A. (1998). Intonation in Brazilian Portuguese. In: HIRST, D.; DI CRISTO (orgs.). *Intonation Systems: A Survey of Twenty Languages*. Cambridge: Cambridge University Press.

MORAIS, J. (2013). O que é o alfabeto? In: MORAIS, J. *Criar leitores: para professores e educadores*. Barueri: Minha Editora.

MOREIRA, T. L. D. (2015). *A sintaxe dos adjetivos atributivos*. Dissertação de mestrado. Curitiba: Universidade Federal do Paraná.

MORO, A. (2008). *The Boundaries of Babel: The Brain and the Enigma of Impossible Languages*. Cambridge: MIT Press.

MOURA NEVES, M. H. (2000). *Gramática de usos do português*. São Paulo: UNESP.

MOURA NEVES, M. H.; CASSEB-GALVÃO, V. C. (2014). *Gramáticas contemporâneas: com a palavra, os autores*. São Paulo: Parábola Editorial.

MYERS, D. G. (2014). Genes, cultura e gênero. In: MYERS, D. G. *Psicologia social*. Porto Alegre: AMGH.

NASCENTES, A. (1953). *O linguajar carioca*. Rio de Janeiro: Simões.

NEVINS, A.; PESETSKY, D.; RODRIGUES, C. (2009). Pirahã Exceptionality: A Reassessment. *Language*, v. 85, n. 2.

NEWTON, M. (2002). *Savage Girls and Wild Boys*. Nova York: Macmillan.

NIJHOLT, A. (1988). *Computers and Languages: Theory and Practice*. Nova York: Elsevier.

NUNES, J. M. (1996). Direção de cliticização, objeto nulo e pronome tônico na posição de objeto em português brasileiro. In: ROBERTS, I.; KATO, M.(orgs.). *Português brasileiro: uma viagem diacrônica*. Campinas: Editora da Unicamp.

NUNES, M. G. V. *et al.* (2005). Desafios na construção de recursos linguísticos para o processamento do português do Brasil. In: BERBER SARDINHA, T. *A língua portuguesa no computador*. Campinas: Mercado de Letras.

OCHS, E.; SHIEFFELIN, B. (1997). O impacto da socialização da linguagem no desenvolvimento gramatical. In: FLETCHER, P.; MacWHINNEY, B. *Compêndio da linguagem da criança*. Porto Alegre: Artes Médicas.

ODLIN, T. (1989). *Language Transfer: Cross-Linguistic Influence in Language Learning*. Cambridge: Cambridge University Press.

OLIVEIRA, G. (2009). Brasileiro fala português: monolinguismo e preconceito linguístico. *Revista Linguagem*, v. 11, n. 1.

OLIVEIRA, R. C. (2015). Sintaxe tipológica. In: OTHERO, G. A.; KENEDY, E. *Sintaxe, sintaxes: uma introdução*. São Paulo: Contexto.

_____. (2007). *Morfologia e sintaxe da língua xavante*. Tese de doutorado. Rio de Janeiro: Universidade Federal Rio de Janeiro.

ONNELA, J-P *et al.* (2014). Using Sociometers to Quantify Social Interaction Patterns. *Scientific Reports*, v. 4.

ORTEGA, L. (2009). *Understanding Second Language Acquisition*. Londres: Hodder Education.

OTHERO, G. A.; CARDOZO, R. W. (2017). A ordem pronominal em português brasileiro: da ênclise à próclise, do clítico ao tônico (*or There and Back Again, a Word Order's Holiday*). *Fórum Linguístico*, n. 14.

OTHERO, G. A.; MENUZZI, S. M. (2005). *Linguística computacional: teoria e prática*. São Paulo: Parábola Editorial.

PAGOTTO, E. G. (1993). *A posição dos clíticos em português: um estudo diacrônico*. Tese de doutorado. Campinas: Editora da Unicamp.

PAIVA, M. C.; SILVA, V. L. P. (2012). Cumprindo uma pauta de trabalho: contribuições recentes do PEUL. *Alfa*, v. 56, n. 3.

PASSONI, T. P.; GOMES, E. A. (2016). Políticas e planejamento linguísticos: mapeamento das pesquisas sobre ensino de línguas estrangeiras modernas no cenário nacional. *ReVEL*, v. 14, n. 26.

PASSOS, C. (1973). *Uma interpretação da sínclise pronominal em português da Bahia*. Salvador: UFBA.

PATKOWSKY, M. (1980). The Sensitive Period for the Acquisition of Syntax in a Second Language. *Language Learning* v. 30, n. 2.

PATTERSON, F.; COHN, R. H. (1990). Language Acquisition by a Lowland Gorilla: Koko's First Ten Years of Vocabulary Development. *Word*, v. 41, n. 2.

PERINI, M. A. (2016). *Gramática descritiva do português brasileiro*. Petrópolis: Vozes.

_____. (2010). *Gramática do português brasileiro*. São Paulo: Parábola Editorial.

_____. (2009). O novo acordo ortográfico. *Revista Letra Magna*, ano 5, n. 10.

_____. (2004). *A língua do Brasil amanhã e outros mistérios*. São Paulo: Parábola Editorial.

_____. (2002). *Modern Portuguese: A Reference Grammar*. New Haven: Yale University Press.

_____. (1997). *Sofrendo a gramática*. São Paulo: Ática.

_____. (org.) (1996). O sintagma nominal em português: estrutura, significado e função. *Revista de Estudos da Linguagem*, ano 5, n. especial.

_____. (1995). *Gramática descritiva do português*. São Paulo: Ática.

_____. (1985). *Para uma nova gramática do português*. São Paulo: Ática.

PERINI, M. A.; FULGÊNCIO, L. (2016). Ortografia: descrição e crítica. In: PERINI, M. A. *Gramática descritiva do português brasileiro*. Petrópolis: Vozes.

PINHO, J. R. D. (2006). Dificultades ortográficas en español debidas a fenómenos fonéticofonológicos. *ReVEL*, v. 4, n. 7.

PINKER, S. (2002). *O instinto da linguagem: como a mente cria a linguagem*. São Paulo: Martins Fontes.

PINKER, S.; JACKENDOFF, R. (2005). The Faculty of Language: What's Special About it? *Cognition*, v. 95, n. 2.

PIRES DE OLIVEIRA, R.; QUAREZEMIN, S. (2016). *Gramáticas na escola*. Petrópolis: Vozes.

POSSENTI, S. (1996). *Por que (não) ensinar gramática na escola*. Campinas: Mercado de Letras.

_____. (2009). *Língua na mídia*. São Paulo: Parábola Editorial.

QUEIXALÓS, F.; LESCURE, O. (orgs.) (2000). *As línguas amazônicas hoje*. São Paulo: Instituto Ambiental.

RAMOS, J. M. (1997). Avaliação de dialetos brasileiros: o sotaque. *Revista de Estudos da Linguagem*, n. 5, v. 1.

RAMOS, J. M.; COELHO, S. M. (2013). *Português brasileiro dialetal: temas gramaticais*. Campinas: Mercado de Letras.

RAPP, C. *et al.* (1986). Colocação dos pronomes átonos na norma urbana culta de Salvador. *Atas do I Simpósio sobre a diversidade linguística no Brasil*.

RASO, T.; MELLO, H. (2012). *C-ORAL BRASIL I: Corpus de referência do português brasileiro falado informal*. Belo Horizonte: Editora da UFMG.

REAL ACADEMIA ESPAÑOLA (2009). *Nueva gramática de la lengua española*. Madri: Espasa.

_____. (2010). *Ortografía de la lengua española*. Madri: Espasa-Calpe.

ROACH, P. (2001). *Phonetics*. Oxford: Oxford University Press.

_____. (2000). *English Phonetics and Phonology*. Cambridge: Cambridge University Press.

ROBB, A. (2015). Why Men are Prone to Interrupting Women. *NY Times Online*. Disponível em: http://nytlive.nytimes.com/womenintheworld/2015/03/19/google-chief-blasted-for-repeatedly-interrupting-female-government-official/; acesso: 3 mar. 2017.

ROCHA LIMA, C. H. da (2012). *Gramática normativa da língua portuguesa*. Rio de Janeiro: José Olympio.

RODRIGUES, A. D. (2005). Sobre as línguas indígenas e sua pesquisa no Brasil. *Ciência e cultura*, v. 57, n. 2.

_____. (1994). *Línguas brasileiras: para o conhecimento das línguas indígenas*. São Paulo: Edições Loyola.

RODRIGUES, A. D. (1993). Línguas indígenas: 500 anos de descobertas e perdas. *D.E.L.T.A.*, v. 9, n. 1.

RODRIGUES, A. D.; CABRAL, A. S. C. (2009). Considerations on the Concepts of Language and Dialect: A Look on the Case of Asuriní of Tocantins and Parakanã. *ReVEL*, edição especial, n. 3.

RODRIGUES, A. D.; CABRAL, A. S. C. (orgs.) (2005). *Novos estudos sobre línguas indígenas*. Brasília: UnB.

ROGERS, H. (2005). *Writing Systems: A Linguistic Approach*. Oxford: Blackwell.

SANTANA, A. P. (2004). Idade crítica para aquisição da linguagem. *Distúrbios da Comunicação*, v. 16, n. 3.

SANTOS, L. A. (2016). Sociolinguística e línguas indígenas brasileiras. In: MOLLICA, M. C.; FERRAREZI JR., C. *Sociolinguística, sociolinguísticas: uma introdução*. São Paulo: Contexto.

SANTOS, M. F.; PACHECO, V. (2007). A relação som e letra e seus desvios na aquisição da língua escrita: uma investigação fonético-fonológica — estudo de caso. In: PACHECO, V.; SAMPAIO, N. F. S. (orgs.). *Pesquisa em estudos da linguagem IV*. Vitória da Conquista: Edições Uesb.

SAPIR, E. (1929). The Status of Linguistics as a Science. *Language*.

_____. (1954). *A linguagem: introdução ao estudo da fala*. Rio de Janeiro: Livraria Acadêmica.

SARMENTO, L. (2007). Ferramentas para experimentação, recolha e avaliação de exemplos de tradução automática. In: SANTOS, D. *Avaliação conjunta: um novo paradigma no processamento computacional da língua portuguesa*. Lisboa: IST Press.

SARMENTO, L.; BARREIRO, A.; MAIA, B.; SANTOS, D. (2007). Avaliação de tradução automática: alguns conceitos e reflexões. In: SANTOS, D. *Avaliação conjunta: um novo paradigma no processamento computacional da língua portuguesa*. Lisboa: IST Press.

SARMENTO, S. (2004). Ensino de cultura na aula de língua estrangeira. *ReVEL*, v. 2, n. 2.

SCARPA, E. M. (2001). Aquisição da linguagem. In: MUSSALIM, F.; BENTES, A. C. *Introdução à linguística: domínios e fronteiras*. São Paulo: Cortez.

SCHERRE, M. M. P. (2005). *Doa-se lindos filhotes de* poodle: *variação linguística, mídia e preconceito*. São Paulo: Parábola Editorial.

SCHWINDT, L. C. (2014). Apresentação: gramática como conhecimento linguístico. In: SCHWINDT, L. C. *Manual de linguística: fonologia, morfologia e sintaxe*. Petrópolis: Vozes.

SCOVEL, T. (1988). *A Time to Speak: A Psycholinguistic Inquiry into the Critical Period for Human Speech*. Cambridge: Newbuy House.

SEKI, L. (2000). Línguas indígenas no Brasil no limiar do século XXI. *Impulso*, v. 12, n. 27.

SERIANNI, L.; TRIFONE, P. (1994). *Storia della lingua italiana*. Torino: Einaudi.

SEYMOUR, P.; ARO, M.; ERSKINE, J. M. (2003). Foundation Literacy Acquisition in European Orthographies. *British Journal of Psychology*, v. 94, n. 2.

SILVA, B. C. D. *et al.* (2007). Introdução ao processamento das línguas naturais e algumas aplicações. *Série de Relatórios do Núcleo Interinstitucional de Linguística Computacional*, v. 3.

SILVA, M. (2015). *História da alfabetização no Brasil: sentidos e sujeito da escolarização*. Campinas: Editora da Unicamp.

_____. (1981). *Leitura, ortografia e fonologia*. São Paulo: Ática.

SILVA, W. L. (2009a). Apresentação: estudos linguísticos de línguas indígenas brasileiras. *ReVEL*, edição especial, n. 3.

_____. (org.) (2009b). Estudos linguísticos de línguas indígenas brasileiras. *ReVEL*, edição especial, v. 7, n. 3.

SINGLETON, D. M.; RYAN, L. (2004). *Language Acquisition: The Age Factor*. Bristol: Multilingual Matters.

SNYDER, K. (2014). Want to Get Ahead as a Woman in Tech? Learn to Interrupt. *Language Log*. Disponível em: http://languagelog.ldc.upenn.edu/nll/?p=13513; acesso: 3 mar. 2017.

SOLNIT, R. (2014). *Men Explain Things to Me*. Chicago: Haymarket Books.

SPADA, N. (2004). Linguística aplicada ao ensino de língua estrangeira: uma entrevista com Nina Spada. *ReVEL*, v. 2, n. 2.

STENZEL, K. (2009). Algumas 'joias' tipológicas de Kotiria (Wanano). *ReVEL*, edição especial, n. 3.

_____. (2005). *Study on Endangered Languages and Their Oral Tradition in Amazonia*. Relatório para a UNESCO.

STOKOE, E. H.; WEATHERALL, A. (2002). Guest Editorial: Gender, Language, Conversation Analysis and Feminism. *Discourse & Society*, v. 13, n. 6.

STORTO, L.; FRANCHETTO, B.; LIMA, S. (2014). *Sintaxe e semântica do verbo em línguas indígenas no Brasil*. São Paulo: Mercado de Letras.

TANNEN, D. (1994). *Gender and Discourse*. Oxford: Oxford University Press.

_____. (org.) (1993). *Gender and Conversational Interaction*. Oxford: Oxford University Press.

_____. (1991). *You Just Don't Understand: Women and Men in Conversation*. Londres: Virago.

TASCA, M. (1999). *A lateral em coda silábica no Sul do Brasil*. Tese de doutorado. Porto Alegre: Pontifícia Universidade Católica do Rio Grande do Sul.

TAVARES, N. R. K. (2014). *Variação pronominal (nós/a gente) nos telejornais nacionais da Rede Globo*. Dissertação de mestrado. Curitiba: Universidade Federal do Paraná.

TISS, F. (2004). *Gramática da língua madiha (kulina)*. São Leopoldo: Con-Texto.

TOMASELLO, M. (2003). *Origens culturais da aquisição do conhecimento humano*. São Paulo: Martins Fontes.

TORAL, A.; WAY, A. (2014). Is Machine Translation Ready for Literature? *Translating and the Computer*, n. 36.

VERISSIMO, L. F. (1982). *O gigolô das palavras*. Porto Alegre: L&PM.

VIEIRA, R. (2004). Linguística computacional: uma entrevista com Renata Vieira. *ReVEL*, v. 2, n. 3.

VIEIRA, R.; LIMA, V. L. S. (2001). Linguística computacional: princípios e aplicações. *IX Escola de Informática da SBC-Sul*. SBC-Sul.

VIEIRA, S. R.; BRANDÃO, S.F. (orgs.) (2007). *Ensino de gramática: descrição e uso*. São Paulo: Contexto.

VOIGT, R.; JURAFSKY, D. (2012). Towards a Literary Machine Translation: The Role of Referential Cohesion. *Proceedings of the NAACL-HLT 2012 Workshop on Computational Linguistics for Literature*.

VOTRE, S.; RONCARATI, C. (2008). *Anthony Julius Naro e a linguística no Brasil: uma homenagem acadêmica*. Rio de Janeiro: 7Letras.

WETZELS, L. (1995). *Estudos fonológicos das línguas indígenas brasileiras*. Rio de Janeiro: Editora UFRJ.

WOLFRAM, W. (1998). Black Children are Verbally Deprived. In: BAUER, L.; TRUDGILL, P. *Language Myths*. Londres: Penguin Books.

WOUMANS, E. *et al.* (2015). Bilingualism Delays Clinical Manifestation of Alzheimer's Disease. *Bilingualism: Language and Cognition*, v. 18, n. 3.

YANG, C. (2006). *The Infinite Gift: How Children Learn and Unlearn the Languages of the World*. Nova York: Scribner.

YIP, M. (2002). *Tone*. Cambridge: Cambridge University Press.

ZILLES, A. M. S. (2006). Ensino de línguas estrangeiras na educação infantil. *Entrelinhas*, ano 3, n. 2.

PARÁBOLA BREVE

1. *A língua do Brasil amanhã e outros mistérios*
   Mário A. Perini

2. *A norma oculta: língua e poder na sociedade brasileira*
   Marcos Bagno

3. *Sua majestade, o intérprete: o fascinante mundo da tradução simultânea*
   Ewandro Magalhães Jr.

4. *Vaganau*
   Marcos Bagno

5. *Solipso*
   Marcos Bagno

6. *Preconceito linguístico*
   Marcos Bagno

7. *Mitos de linguagem*
   Gabriel de Ávila Othero

Esta obra foi composta em ITC Berkeley 11/15 e Avenir 9/12
e impressa em papel Lux Cream 70g
para a **Parábola Editorial** em abril de 2017.

Impressão e acabamento:
Gráfica Paulus